AF630547

CHRISTIAN OFNER – DER BACKPROFI®

Traditionelles GEBÄCK auf dreierlei Art

Gelingsichere Rezepte auf dreierlei Art

Schnell & einfach, Übernachtgare oder Slow Baking

www.derbackprofi.at

LEOPOLD STOCKER VERLAG
GRAZ – STUTTGART

Impressum

Umschlaggestaltung und Editorial Layout:
CUBA Brandvertising – www.cuba-brandvertising.com
Fotos: Kurt Elmleitner – www.kurt-elmleitner.at
Ergänzende Fotos und Illustrationen auf den Seiten 8, 12, 14, 16, 19, 20, 23, 31: shutterstock.com, freepik.com, stock.adobe.com

Der Inhalt dieses Buches wurde vom Autor und vom Verlag nach bestem Gewissen geprüft, eine Garantie kann jedoch nicht übernommen werden. Die juristische Haftung ist ausgeschlossen.

AUF WUNSCH SENDEN WIR IHNEN GERNE KOSTENLOS UNSER VERLAGSVERZEICHNIS ZU

Leopold Stocker Verlag GmbH
Hofgasse 5
Postfach 438
A-8011 Graz
Tel. +43 (0)316/821636
Fax. +43 (0)316/835612
E-Mail: stocker-verlag@stocker-verlag.com
www.stocker-verlag.com

BIBLIOGRAPHISCHE INFORMATION DER DEUTSCHEN NATIONALBIBLIOTHEK
Die Deutsche Nationalbibliothek verzeichnet diese Publikation in der Deutschen Nationalbibliographie; detaillierte bibliographische Daten sind im Internet über http://dnb.d-nb.de abrufbar.

Hinweis: Dieses Buch wurde auf chlorfrei gebleichtem Papier gedruckt. Die zum Schutz vor Verschmutzung verwendete Einschweißfolie ist aus Polyethylen chlor- und schwefelfrei hergestellt. Diese umweltfreundliche Folie verhält sich grundwasserneutral, ist voll recyclingfähig und verbrennt in Müllverbrennungsanlagen völlig ungiftig.

ISBN 978-3-7020-1946-4

Alle Rechte der Verbreitung, auch durch Film, Funk und Fernsehen, fotomechanische Wiedergabe, Tonträger jeder Art, auszugsweisen Nachdruck oder Einspeicherung und Rückgewinnung in Datenverarbeitungsanlagen aller Art, sind vorbehalten.

© Copyright: Leopold Stocker Verlag, Graz, 2. Auflage 2022

Satz und Repro: Werbeagentur Rypka GmbH, A-8143 Dobl, Unterberg 58-60, www.rypka.at

Inhaltsverzeichnis

VORWORT & DANKSAGUNG 6

ALLGEMEINES 8

KLEINGEBÄCK 12

Massenware oder liebevolle Handarbeit 12
Die Handkaisersemmel
vom Bäcker und vom Supermarkt 13
Da weiß man, was drinnen ist 18

DREIERLEI ZUBEREITUNGSVARIANTEN 23

DIREKTE TEIGFÜHRUNG – *einfach & schnell*
mit der Ruck-Zuck-Methode 23
DIREKTE TEIGFÜHRUNG – *einfach & praktisch*
mit weniger Hefe und Übernachtgare 24
INDIREKTE TEIGFÜHRUNG – *Slow-Baking*
mit weniger Hefe, Vorteig & langer Gare 26

GRUNDSÄTZLICHES 28

WISSENSWERTES ZUM SELBERBACKEN 28
Teigbereitung 28
Backen von Handgebäck 32
Backen auf Vorrat 34

Rezeptteil

WEIZENGEBÄCK 38

Handkaisersemmeln 39
Steirische Langsemmeln 43
Wiener Reihensemmel 47
Salzstangerln 51
Bäckerbreze 55
Wachauer Laibchen 59
Grahamspitz 63
Bosnastangerln 67

Backprofis Panini 71
Schmalzreingerln 75
Fladenbrötchen 79
Käseweckerln 83
Mohnflesserl 87
Wiener Kipferln 91
Mürbe Mohnstangerln 95
Steirerspitz 99
Joghurt-Anis-Laibchen 103
Käse-Speck-Fladen 107

DINKELGEBÄCK 110

Dinkelbrötchen 111
Kürbiskernweckerln 115
Dinkel-Mohn-Laibchen 119
Dinkelzeile 123
Dinkelvollkornlaibchen mit Karotten 127
Sonnenblumen-Vollkornweckerln 131
Kornsemmel 135

GEBÄCK MIT QUELLSTÜCK 138

Topfen-Kornstangerln 139
Dinkel-Powerweckerln 143
Dinkelspitz 147
Mais-Laibchen 151
Haferflockenlaibchen 155

HÄUFIGE FEHLER UND IHRE LÖSUNGEN 158

ZUM ABSCHLUSS EIN PAAR FRAGEN 160

Vorwort
& DANKSAGUNG

Ich freue mich, Ihnen nach dem großen Erfolg des ersten Bandes meiner neuen Buchreihe „Ofners Backschule“ nun den zweiten Band zu präsentieren. Von „Backen mit Roggensauerteig“ wurden innerhalb von drei Monaten drei Auflagen gedruckt – dafür möchte ich mich an dieser Stelle herzlich bei allen meinen treuen Lesern und Backfans bedanken.

Mit diesem Buch schlage ich nun einen gänzlich neuen Weg ein. Mein Grundgedanke war, mich dem Thema Handgebäck und den beliebtesten Kleingebäck-Klassikern, die in jeder Bäckerei erhältlich sind, zu widmen. Denn Kaisersemmel, Salzstangerl, Kipferl, Kornweckerl & Co schmecken noch einmal so gut, wenn sie selbst gemacht sind und im Gegensatz zu gekauftem Gebäck weder Konservierungs- noch Zusatzstoffe enthalten.

TEIGFÜHRUNG AUF DREIERLEI ART

Das absolut Besondere an diesem Buch ist jedoch, dass jedes Gebäckstück auf drei verschiedene Arten zubereitet werden kann, je nachdem, ob man es eilig hat oder mehr Zeit zur Verfügung steht und dafür das Hauptaugenmerk auf besserer Verträglichkeit des Gebäcks liegt.
Wenn es schnell gehen soll, kommt die **direkte Teigführung** zur Anwendung: Dabei werden alle Zutaten einfach vermischt, mit Teigruhe, Geh- und Backzeit ist das selbst gemachte Kipferl oder Weckerl in etwa eineinhalb Stunden fertig – perfekt für alle, die gerne spontan backen.

Für die Zubereitung der beiden anderen Varianten benötigt man etwas mehr Zeit und Vorausplanung.

Die Methode der **Übernachtgare** wird immer mehr zum Trend. Dabei werden die ebenfalls in direkter Teigführung (mit weniger Hefe) hergestellten, fertig geformten, aber noch nicht gebackenen Teigstücke über Nacht (bzw. für mindestens 12 Stunden) in den Kühlschrank gestellt, der Teig geht also nicht bei Zimmertemperatur, sondern bei etwa 8 °C. Will man also zum Frühstück frisches Gebäck im Körberl haben, erfolgt die Teigbereitung und das Formen der Gebäckstücke am Vorabend, gebacken werden diese nach ihrer „kalten Gare" am nächsten Morgen.

Bei der dritten Variation wird der **Teig indirekt geführt**. Das bedeutet, dass zunächst ein **Vorteig** zubereitet wird, der nach 2–3 Stunden Gehzeit bei Zimmertemperatur ebenfalls in den Kühlschrank kommt, wo er weitere 12–24 Stunden optimal reifen kann. Der Vorteig wird dann am Backtag mit den übrigen Zutaten vermischt. Es ist also Geduld gefragt, bis derart zubereitete Gebäckstücke fertig sind: Nach einer etwas längeren Teigruhe und Gehzeit als bei der direkten Teigführung muss insgesamt eine Zeitspanne von mindestens 16 Stunden, bei längerer Garzeit im Kühlschrank sogar bis zu 29 Stunden einkalkuliert werden – nicht umsonst wird diese Methode auch als **„Slow baking"** bezeichnet.

Diese Geduld wird jedoch belohnt, denn ein guter Teig braucht seine Zeit, und das Gebäck der beiden längeren Varianten hat **Vorteile gegenüber der Ruck-Zuck-Version**: Durch den geringeren Hefeanteil und die lange Garzeit ist das Gebäck **bekömmlicher und schmackhafter**. Die Teiglinge haben ausreichend Zeit, Geschmack zu entwickeln und speichern zudem die enthaltene Flüssigkeit besser. Das Gebäck schmeckt daher viel intensiver und hält sich auch länger frisch. Die Krustenfarbe der Gebäckstücke wird intensiver, die Krume elastischer. Durch die lange Teiggare können die Teigbestandteile gut verquellen und bestimmte Zucker, die **Verdauungsprobleme** bereiten könnten, werden abgebaut, was eine bessere Verträglichkeit bewirkt.

Sie haben also die Wahl, wie Sie Ihr Gebäck zubereiten. Probieren Sie aus, welche der drei Zubereitungsarten zu Ihrer bevorzugten wird. Backen Sie es an!

Ihr Christian Ofner

DANKSAGUNG

An erster Stelle bedanke ich mich bei meiner Frau Michaela – ohne ihre tatkräftige Unterstützung hätte ich es nie geschafft, neben Kursen, Backshows usw. sechs Bücher zu veröffentlichen.

In bewährter Weise hat Kurt Elmleitner wieder fotografiert und dafür gesorgt, dass die Rezeptfotos ganz einfach zum „Reinbeißen" ausschauen – dafür herzlichen Dank!

Rainer Pammer und seiner Agentur danke ich für das Editorial Design nicht nur dieses Buches, sondern auch für die Neugestaltung meiner Webseite: **www.derbackprofi.at**

Auch dem Leopold Stocker Verlag, besonders meiner Lektorin Irmtraud Weishaupt Orthofer, möchte ich meinen Dank für die jahrelange gute Zusammenarbeit aussprechen.

Allgemeines

ÖSTERREICHISCHES HAND- UND KLEINGEBÄCK

Österreich hat in Hinsicht auf kulinarische Spezialitäten einiges zu bieten. Vom Tafelspitz und Wiener Schnitzel bis hin zum Kaiserschmarren und zur Sachertorte gibt es zahlreiche Köstlichkeiten, die als typisch für die österreichische Küche gelten und weit über die Grenzen unseres Landes hinaus bekannt und berühmt sind.

Das gilt auch für unser Gebäck: Nicht nur unsere reiche Auswahl an herrlichem Schwarzbrot aus Roggensauerteig oder an flaumigem Feingebäck, auch traditionelles Hand- und Kleingebäck, das in jeder österreichischen Bäckerei angeboten wird, ist in vielen europäischen Ländern und sogar in Amerika bekannt. Man nehme beispielsweise das „Kipferl“, das im 19. Jahrhundert von August Zang von Wien nach Paris gebracht und von dort aus als „Croissant“ weltberühmt wurde.

BÄCKERHANDWERK FRÜHER

Bereits im Mittelalter waren die „pechken“ in Kategorien eingeteilt – nicht jeder durfte alles backen. Es gab Brot-, Semmel- und Luxusbäcker (zu diesen wiederum zählten die Brezen- und Beugel-, Krapfen- und Kipferlbäcker).

Die Bäcker unterlagen schon immer strengen Richtlinien, was Zutaten, Qualität und vorgeschriebenes Gewicht ihrer Produkte betrifft.

Vergehen wurden streng geahndet, Geld- und Haftstrafen und das berühmte „Bäckerschupfen“, bei dem der Übeltäter in einem Korb unter Wasser getaucht wurde, waren keine Seltenheit. Vielleicht liegt es an diesen strengen Regeln, dass österreichisches Gebäck und speziell die Wiener Backwaren berühmt für ihre herausragende Qualität wurden. Diese Vielfalt an verschiedenen Gebäckformen suchte ihresgleichen, das Bäckerhandwerk war auf seinem Höhepunkt.

FORMENVIELFALT UND EINZIGARTIGKEIT

Zahlreiche Bäckergenerationen haben seither eine Vielfalt an Gebäckformen „erfunden“ und perfektioniert, die teils in einzelnen Bundesländern oder regional besonders typisch sind, teils auch österreichweit Berühmtheit erlangt haben und in jeder Bäckerei zu finden sind.
Da von Hand hergestelltes Gebäck jedoch großen Arbeits- und Zeitaufwand bedeutet, löste schließlich die einsetzende Modernisierung mit maschineller Fertigung ab etwa 1970 das Bäckerhandwerk ab – die Anzahl der Bäckereibetriebe, die Handgebäck herstellen, sank drastisch von Jahr zu Jahr. Erst in den letzten Jahren kam es zu einer Rückbesinnung auf „das gute alte Bäckerhandwerk“: Mit natürlichen Zutaten und einer der wichtigsten Voraussetzungen für qualitativ hochwertiges und bekömmliches Gebäck, nämlich dem Gebäck Zeit zum Reifen zu geben, haben einige Bäckereien sozusagen „back to the roots“ gefunden.

SEMMEL, KIPFERL, FLESSERL & CO

Semmeln (von mhd. *semel* , *semele* , *simele* , *simel* = feines Weizenmehl, -brot, entlehnt vom lat. *simila;* in der Bedeutung „aus weißem Mehl“) gibt es ja schon lange, nur wiesen sie früher verschiedenste Formen und Qualitäten auf. Seit wann es die berühmte Kaisersemmel gibt, ist nicht genau bekannt, zu sehen ist die Semmel mit der geschwungenen Sternform jedoch bereits auf einem Gemälde von Hofmaler Martin van Meytens (nach 1760).
Auch wer die relativ knifflige Ausarbeitung der fünfmal eingeschlagenen Kaisersemmel erfunden hat, ist nicht eindeutig übermittelt.

Die **Brezel** (von lat. *brachium* = Arm) ist das Zunftzeichen der Bäcker. Das verschlungene Gebäck gilt als „Gebildbrot", weil es symbolisch vor dem Brustkorb verschränkte Arme darstellen soll (frühere Gebetshaltung von Mönchen). Es gibt süße und pikante Brezeln aus verschiedenen Teigen. Hier geht es um die in ganz Österreich bekannte und beliebte Bäckerbreze aus Semmelteig, die nach dem Backen in eine Mehl-Salz-Mischung getaucht wird.
Gebäck in Form einer Mondsichel gibt es schon seit der Antike. Auch aus dem Mittelalter gibt es schriftliche Belege, nach denen „chipfen" an einen Fürstenhof geliefert wurden. Dennoch ranken sich um die Entstehung des **Kipferls** viele Legenden. Eine besagt, es sei als „Hohngebäck" nach der Türkenbelagerung von 1683 angeblich von einem Wiener Bäckermeister namens Peter Wendler (der übrigens bereits 1680 gestorben war) erfunden worden. Da die ersten Bäckereien Klosterbäckereien waren, ist es wahrscheinlich, dass die „Kipfen/Kipfel" dort als altes Ostergebäck gebacken wurden. Von der Form her könnten sie gebogenen Ziegenhörnern nachempfunden worden sein, was auch die Bezeichnung „Hörnchen" nahelegt.

Als **„Flesserl"** wird das mit Mohn und Salz bestreute, „geflochtene" Gebäck vor allem in Oberösterreich bezeichnet. In anderen Bundesländern wird es auch als Mohnweckerl oder Mohnstriezerl bezeichnet und nicht mit Salz bestreut.

All diese traditionellen Gebäck-Klassiker finden Sie neben einfacheren Formen wie Stangerln, Laibchen und Weckerln im Rezeptteil.

Kleingebäck

MASSENWARE ODER LIEBEVOLLE HANDARBEIT

Ich möchte hier ganz deutlich festhalten, dass es mir keineswegs darum geht, Bäcker und ihre Produkte schlechtzumachen. Ich bin selbst Bäckermeister und schätze das Bäckerhandwerk – wobei ich hier das „Handwerk" betone.

Denn genau darin liegt heute das Problem: Es gibt sie noch, einige wenige kleine Bäckereien, die nach traditionellen, eigenen Rezepten backen. Aber wenn man das Gebäckangebot im Supermarkt oder Diskonter hernimmt, dann sieht es anders aus: Die Zehnerpackungen Semmeln, das abgepackte oder auch an Brot- und Gebäcktheken offen verkaufte Brot und Gebäck sowie das „ofenfrische" Gebäck aus „Backboxen" – all diese Produkte sind Massenware aus der „Backindustrie".

DIE HANDKAISERSEMMEL VOM BÄCKER UND VOM SUPERMARKT

Die Handsemmel oder Kaisersemmel ist in Österreich der Inbegriff von „weißem Gebäck". Deshalb habe ich die allgemeinen Informationen dazu hier am Beispiel dieses beliebten und typisch österreichischen Gebäcks aufgelistet. Ich nenne meine von Hand geformten Semmeln „Handkaisersemmeln", weil sie die verschiedenen gängigen Bezeichnungen bestens vereint:
Weißgebäck, das mit der Bezeichnung „Handsemmel", „Wiener Kaisersemmel" oder „Kaisersemmel mit hervorhebender Bezeichnung" in den Verkehr gebracht wird, ist ein handgewirktes Weißgebäck mit fünfteiligem Stern, das sich durch eine lange Teigführung (zumindest 2 Stunden) auszeichnet und dem keine Zusatzstoffe außer Lecithin und L-Ascorbinsäure zugesetzt werden. *(Quelle: Österreichisches Lebensmittelbuch, IV. Auflage, Kapitel/B18/ Backerzeugnisse)*

SEMMELN FRÜHER UND HEUTE

Die Handsemmel war schon immer das wichtigste Produkt vom Bäcker bzw. von der Bäckerin. Früher war es so, dass der Bäcker daran gemessen wurde, wie seine Semmeln schmecken. Wenn die Semmeln gut waren, konnte man davon ausgehen, dass auch alle anderen Backwaren aus dieser Bäckerei gut schmecken würden.

Heute findet man kaum noch typische „Handwerksbäcker", die noch handgewirkte Kaisersemmeln anbieten. Denn schon vor etwa 50 Jahren wurde die Semmel zur Massenware. Der Großteil an Semmeln und anderem Gebäck wird heute in Filialen von großen Bäckereiketten, Supermärkten und Diskontern verkauft, die seit einigen Jahren auch „frisches Gebäck aus der Backbox" anbieten. Diese Aufbackstationen leben nur von der Frische. Wenn man so eine aufgebackene Semmel praktisch ofenwarm verzehrt, wird man mehr oder weniger damit zufrieden sein. Aber ein paar Stunden später oder gar am nächsten Tag lassen Geschmack und Konsistenz sehr zu wünschen übrig. Kein Wunder, denn wenn eine Semmeln nur 14 Cent oder weniger kostet, darf man sich auch nicht viel erwarten.
Die Supermärkte und Diskonter werden von Großbäckereien mit Brot, Gebäck oder Teiglingen beliefert. In solchen Großbäckereien liegt das Augenmerk natürlich darauf, dass die Produktion möglichst unkompliziert und einfach ist, dass die Teige maschinengängig sind und dass die Produktqualität gleichbleibend ist.
Deshalb werden die Grundzutaten von Gebäck mit weiteren Stoffen vorgemischt – diese fertig zusammengemischten „Backmittel" gleichen die wechselnden Verarbeitungseigenschaften der Rohstoffe aus, sorgen für Volumen, Aroma, Haltbarkeit usw.

VERGLEICH SELBST GEBACKENE HANDKAISERSEMMEL UND GEKAUFTE SEMMEL

Backmittel gibt es seit rund 100 Jahren. Vorher stellte man Brot und Gebäck in reiner Handarbeit mit den Rohstoffen her, die man damals zur Verfügung hatte (z. B. Mehl, Wasser, Salz, Eier, Fett, Milch, Honig und Früchte/Kerne).
Auch meine selbst gebackene Handkaisersemmel kommt mit wenigen Zutaten aus:

SELBST GEMACHTE HANDKAISERSEMMEL

58 %
Weizenmehl Type 700

27,5 %
Wasser

7,2 %
Milch

2,1 %
Butter

2,1 %
Hefe

1,15 %
Salz

1,15 %
Gerstenmalzmehl

0,8 %
Feinkristallzucker

GEKAUFTE SEMMEL

Stabilisator (Guarkernmehl, Calciumphosphat, Natrium-Carboxymethylcellulose)

Wasser

Zucker

Mehlbehandlungsmittel Ascorbinsäure

Glukose

Emulgator (Mono- und Diacetylweinsäureester von Mono- und Diglyceriden von Speisefettsäuren, Sonnenblumenlecithin)

Malzmehl (Gerste, Weizen)

Hefe

Enzyme

Roggenvorschussmehl

Speisesalz

Weizenauszugsmehl oder Weizenkoch- und -backmehl

ZUTATEN

Weizenmehl, Wasser, Hefe, Speisesalz, Emulgator (Mono- und Diacetylweinsäureester von Mono- und Diglyceriden von Speisefettsäuren, Sonnenblumenlecithin), Zucker, Malzmehl (Gerste, Weizen), Stabilisator (Guarkernmehl, Calciumphosphat, Natrium-Carboxymethylcellulose), Glukose, Mehlbehandlungsmittel Ascorbinsäure, Enzyme

Kann Spuren enthalten von: Erdnüssen und -Erzeugnissen, Eiern und -Erzeugnissen, Soja, Milch, Schalenfrüchten, Sesam

KENNZEICHNUNGSPFLICHT BEI GEKAUFTEN SEMMELN

Im Gegensatz zur genauen Auflistung der Zutaten für meine selbst gebackenen Handkaisersemmeln kann ich natürlich für gekaufte Semmeln keine genauen Angaben bezüglich der Zutaten und ihrer Mengenverhältnisse machen. Im österreichischen Lebensmittelbuch ist genau geregelt, aus welchen Grundzutaten Semmeln und anderes Weißgebäck bestehen dürfen:

„Weißgebäck" wie Semmeln (Kaisersemmeln, Langsemmel, Kärntner Semmeln etc.), Laibchen (Laberl) Weckerl, Stangerl, Kipferl oder andere Ausformungen mit bestimmter ortsüblicher Bezeichnung, wird aus Weizenauszugsmehl oder Weizenkoch- und -backmehl hergestellt, dem bis zu 10 % des Gesamtgewichtes der Mahl- und Schälprodukte Roggenvorschussmehl (Type 500) zugefügt werden kann. Kleinere Ausformungen werden als „Jourgebäck" bezeichnet. Das Mindestausbackgewicht der Semmel beträgt 46 g. (Auszug aus dem österreichischen Lebensmittelbuch 2.2.2)

Welche Zusatzstoffe Semmeln und anderes Weißgebäck enthalten dürfen, ist ebenfalls festgelegt. Allerdings muss der Konsument schon gezielt danach suchen bzw. fragen, wenn er wissen will, was nun eigentlich alles im gekauften Gebäck drin ist.

ABGEPACKTES GEBÄCK

Eine Kennzeichnungspflicht der Zutaten (ohne Mengenangaben) gilt nur für **abgepacktes Gebäck**. Als Beispiel für all die Inhalts- und Zusatzstoffe, die so eine gekaufte Semmel enthält, finden Sie im grünen Rahmen oben die Auflistung der Zutaten, die ich von einem Etikett abgepackter Supermarktsemmeln abgeschrieben habe.
Dabei ist nicht einmal gesagt, dass tatsächlich alles angeführt ist (siehe Foto oben), denn laut Lebensmittelgesetz müssen Zutaten/Zusatzstoffe, die vom Mengenanteil unter 0,9 % der Gesamtmenge aller Zutaten liegen, nicht angegeben werden.

NICHT ABGEPACKTES GEBÄCK IM SUPERMARKT

Für **nicht abgepacktes Gebäck** (also aus der Backbox, der Gebäcktheke) sind deutlich weniger verpflichtende Angaben vorgeschrieben, die meist auf der betreffenden Vitrine, in der das Gebäck präsentiert wird, angeführt sind. Es gilt folgende Deklarationsempfehlung:
Weizenmehl, Wasser, Hefe, Speisesalz, Zucker, Traubenzucker, Weizenquellstärke, Gerstenmalzmehl, Weizenkleber

LOSES GEBÄCK BEIM BÄCKER

Wenn man **loses Gebäck beim Bäcker** oder in Filialen von großen Bäckereien einkauft, so ist nur auf Nachfrage eventuell zu erfahren, was eigentlich in der Semmel oder im gewünschten Gebäck alles drin ist. Bei losem Gebäck gilt nur die Allergeninformationspflicht sowie die Angabe von Zusatzstoffen auf dem Warenschild.

ZUSATZSTOFFE UND DEREN WIRKUNG

Alle Lebensmittelproduzenten in der EU, also natürlich auch Bäcker, unterliegen genauen Bestimmungen des Lebensmittelgesetzes. Alle verwendeten Zutaten und Zusatzstoffe (= Wirkstoffe, die bestimmte technologische Wirkungen beim Gebäck erzielen sollen) müssen EU-weit zugelassen und sorgfältig geprüft sein. Also, dann ist das alles doch nicht so schlimm mit den Zusatzstoffen?

Es stimmt schon, alles ist geprüft und zugelassen. Aber dennoch ist es ernüchternd, wenn man sich die Liste an Zusatzstoffen ansieht, die eben die gekaufte von der selbst gebackenen Semmel unterscheiden. All diese Zusatzstoffe sollen bestimmte Wirkungen im Gebäck erzielen und sich z. B. positiv auf das Volumen, die Teigbeschaffenheit und die Handhabbarkeit auswirken, eine perfekte Bräunung ergeben, das Aroma stabilisieren u. v. m. Je nach Wirkung, die sie auf den Teig bzw. das fertige Gebäck haben sollen, werden Zusatzstoffe in Klassen eingeteilt.

Es gibt folgende Klassen: Mehlbehandlungsmittel, Emulgatoren, Stabilisatoren, Verdickungsmittel, Säuerungsmittel, Säureregulatoren, Enzyme, Aromen, Backtriebmittel, Farbstoffe, Konservierungsstoffe, Trennmittel.
Viele dieser Wirkstoffe werden gezielt aus natürlichen Lebensmitteln (wie z. B. Getreideerzeugnisse, Malzprodukte, Zuckerstoffe, Eiprodukte, Milchprodukte, Fettstoffe, Kartoffelerzeugnisse usw.) gewonnen und modifiziert bzw. aufbereitet. Daneben gibt es aber auch Zusatzstoffe „aus dem Labor“, die synthetisch hergestellt werden (z. B. Vitamin C und Zitronensäure).

EIN PAAR BEISPIELE FÜR ZUSATZSTOFFE UND DEREN WIRKUNGEN

Ascorbinsäure (E 300) verbessert die Backfähigkeit von Weizenmehl, stabilisiert das Klebergerüst, erhöht die Gärtoleranz und das Gebäckvolumen, letztere beiden Wirkungen erzielt auch Lecithin (E 322), zusätzlich verfeinert es die Krume. Monoglycerid (E 471) verbessert die Krumenstruktur und dient der längeren Frischhaltung. NSL (E 481) und CSL (E 482) machen die Krume weich und feinporig, Calciumsulfat (E 516) aktiviert die Mehlenzyme und die Hefe, reguliert die Wasserhärte und das Quellvermögen. Guarkernmehl (E 412) erhöht die Wasserbindung, sorgt für die Viskositätsregelung im Teig und längere Frischhaltung. Amylasen bewirken einen Stärkeabbau, die Bildung von Zuckerstoffen aus Mehlstärke (sind also Hefenahrung), Triebsteigerung, Gebäcklockerung, Volumensteigerung, Bräunung. Glucoseoxidasen (Hexoseoxidasen) stärken den Kleber, verbessern die Teigstruktur … *(Auszug aus: Produktinformation für Backmittel, Ireks GmbH, Deutschland)*

WAS IST SCHÖNER, WAS IST BESSER?

Das Foto unten zeigt eine gekaufte Kaisersemmel (links) und eine selbst gebackene Handkaisersemmel (rechts). Man sieht auf den ersten Blick einige Unterschiede.

GRÖSSE

Die meisten Semmeln aus dem Supermarkt sind „aufgeblasen", weil Backmittel eingesetzt werden, die das Volumen der Semmeln vergrößern. Allerdings werden solche „aufgeblasenen" Semmeln schneller trocken, schmecken fad und haben keinen Eigengeschmack.

FORM

Handgeformte Kaisersemmeln sind nie ganz rund, weil das aufgrund des Einschlagens (siehe Anleitungsbilder auf S. 40) gar nicht möglich ist. Gekaufte Kaisersemmeln sind gleichmäßiger und runder.

KRUME

Während die selbst gebackene Handkaisersemmel beim Reinbeißen weich und elastisch ist, sind gekaufte Semmeln eher trocken (außer, wenn sie absolut frisch sind, dann aber ist die Krume manchmal etwas „pampig", zäh und nicht elastisch).

KRUSTE

Die selbst gebackene Semmel hat eine zarte Rösche, ist aber nicht splittrig, während bei gekauften Semmeln die Kruste bröselt und splittert, wenn man reinbeißt (v. a. bei Tiefkühlteiglingen, die aufgebacken werden). Die Frischhaltung ist bei selbst gebackenen Semmeln besser.

GESCHMACKSUNTERSCHIEDE

Sind gekaufte Semmeln absolut frisch, schmecken sie gut, sie werden jedoch bereits nach kurzer Zeit zäh und trocken und weisen kaum Eigengeschmack auf. Hingegen haben selbst gemachte Handkaisersemmeln einen vollmundigen, intensiven Eigengeschmack (aufgrund von Zutaten wie Butter und Milch), halten sich länger frisch und schmecken nicht nur am ersten Tag.

> Gekauftes Gebäck wird nach strengen Richtlinien hergestellt. Alle Inhaltsstoffe sind erlaubt – doch es geht auch ohne! Und diese Sicherheit hat man eben nur, wenn man sein Gebäck selbst bäckt.

DA WEISS MAN, WAS DRINNEN IST

Die vorherigen Vergleiche machen also deutlich, welche geschmacklichen und sonstigen Vorteile Selberbacken hat. Wenige Grundzutaten sind nötig, um köstliche hausgemachte Semmeln und anderes Weißgebäck herzustellen. Die von mir für die Rezepte in diesem Buch verwendeten Zutaten, zumindest die wichtigsten, möchte ich im Folgenden kurz beschreiben.

WEIZENMEHL TYPE W700 (TYPE 500 IN D)

Das klassische Mehl für Weißgebäck!
Sehr guter Klebergehalt, perfekte Backeigenschaften.

WEIZENMEHL TYPE W480 UNIVERSAL (TYPE 405 IN D)

Weit verbreitet, für jede Art von Hefegebäck geeignet. Die Knetzeit beträgt im Schnitt gesamt ca. 8–10 Minuten, sehr gute Backeigenschaften.

WEIZENMEHL TYPE W1600 (TYPE 1050 IN D)

Auch Weizenbrotmehl genannt, höherer Mineralstoffgehalt und wesentlich kräftigerer Geschmack als andere Mehle. Teig benötigt etwas mehr Wasser, damit die Ballaststoffe gut quellen können.

ROGGENMEHL TYPE R960 (TYPE 997 ODER 1150 IN D)

Hauptsächlich für Schwarzbrot verwendet, enthält viele Nähr- und Ballaststoffe, Mineralstoffe und Vitamin B, dunkler als Weizen- oder Dinkelmehl und etwas kräftiger im Geschmack. Wer bei den Rezepten Roggenvollkornmehl statt dem angegebenen Mehl verwenden will, sollte die Wassermenge um ca. 10 % erhöhen.

MAISMEHL

Zum Backen sollte Maismehl immer mit anderen Mehlsorten gemischt werden, um es backfähiger zu machen, weil Maismehl kein Gluten enthält, also keine Klebereigenschaften aufweist. Gebäck aus reinem Maismehl geht nicht auf, Gebäck ist krümelig und wird schnell trocken.

Wussten Sie?

Die Mehltype gibt an, wie viel Milligramm Asche beim Verbrennen von 100 g Mehl zurückbleiben. Das heißt, dass bei der Type 700 beim Verbrennen von 100 Gramm Mehl 700 Milligramm Asche zurückbleiben. Für die Bestimmung der Typenzahl wird in einem Muffelofen bei ca. 900 °C das Mehl zwei Stunden verascht.
Da nur die organischen Mehlbestandteile verbrennen, die Mineralstoffe aber als nicht verbrennbarer Rückstand übrig bleiben, ist die Typenzahl das Maß für den Mineralstoffgehalt.
Je mehr in der Mühle von den äußeren Schichten des Korns entfernt wird, desto geringer ist der Anteil der Mineral- und Ballaststoffe im Mehl. Denn die Randschichten des Korns (Schalenteile) sind besonders reich an Mineralstoffen.

WASSER

Neben Mehl die Hauptzutat für Brot und Gebäck. Ohne Wasser könnten sich die Zutaten nicht verbinden. Wichtig: beim Wasser immer auf die Temperatur achten, dadurch wird die Teigtemperatur gesteuert. Aus diesem Grund gebe ich bei den Rezepten auch immer die optimale Wassertemperatur an, weil diese maßgeblich für den Backerfolg verantwortlich ist. Auch die Qualität des Wassers hat Einfluss auf den Teig, Wasser mit einem höheren Härtegrad z. B. weist mehr Mineralstoffe auf und ergibt daher einen etwas zäheren Teig als weiches Wasser. Mineralwasser kann verwendet werden, es ist aber nicht ratsam, da es die Elastizität und das Gebäckvolumen nachteilig beeinflusst.

MILCH

Durch den Fettgehalt in der Milch werden die Krume und auch die Kruste etwas weicher und geschmackvoller. Das Milcheiweiß und das Fett machen den Teig geschmeidiger und elastischer. Dadurch wird auch das Volumen größer und die Krume feinporiger und zart. Ich verwende meistens

Milch mit einem Fettgehalt von ca. 3,5 %. Diese kann jedoch auch durch fettarme oder laktosefreie Milch ersetzt werden.

BUTTER

Butter macht den Teig fein und geschmeidig und verleiht dem Gebäck einen besonders guten Geschmack. Butter am besten mit Raumtemperatur und ev. etwas zerkleinert dem Teig zugeben, damit sie sich beim Kneten schneller auflöst. Ich verwende in der Regel Rahmbutter (Sauerrahmbutter) mit einem Fettgehalt von ca. 82 %.

HEFE

Bei Verwendung frischer Hefe schon beim Öffnen der Verpackung darauf achten, dass sie einen typischen, frischen Geruch und keinerlei Verfärbungen hat. Bei der direkten Teigführung muss man keinen Vorteig bereiten. Sowohl bei der Ruck-Zuck-Methode (siehe S. 23) als auch bei der Übernachtgare (siehe S. 24) wird die frische Hefe einfach mit den Fingern leicht zerbröselt und zu den Zutaten gegeben. Bei sehr weichen Teigen löse ich die zerbröselte Hefe zuerst im Schüttwasser auf. Sollte die Hefe einmal mit Salz in Berührung kommen, dann ist das nicht so schlimm. Wird der Teig relativ rasch geknetet, hat dies keinerlei negative Auswirkungen. Natürlich kann frische Hefe auch durch Trockenhefe ersetzt werden (Umrechnung siehe unten, am besten unter das Mehl mischen), aber die Triebkraft von frischer Hefe ist auf jeden Fall besser; Trockenhefe benötigt eine längere Aktivierungszeit als frische Hefe (Gehzeit vor dem Backen kann bis zu 15 Minuten länger dauern).

TROCKENHEFE	FRISCHE HEFE
1 Gramm	3 Gramm
7 Gramm	21 Gramm

In Deutschland sind die Typenbezeichnungen von Mehlen anders als in Österreich. Weizenmehl der Type 700 entspricht in Deutschland der Type 550. Eine Liste mit weiteren Mehltypen und deren Entsprechungen in Deutschland finden Sie auf meiner Webseite www.derbackprofi.at als Pdf zum Downloaden.

SALZ

Die Salzmenge bei Brot und Gebäck liegt im Schnitt bei 2 % der im Rezept angegebenen Mehlmenge, kann jedoch je nach geschmacklichen Vorlieben erhöht oder reduziert werden. Salz hat auch backtechnisch erhebliche Vorteile. Je weniger Salz im Rezept verwendet wird, umso schlechter ist das Volumen, der Geschmack und die Gärtoleranz des Teiges, beim fertigen Gebäck hat zu wenig Salz Auswirkungen auf den Ausbund (damit ist gemeint, dass man das „Muster" beim fertigen Gebäck nicht mehr sieht, also z. B. die Rillen/Sternform der Semmel, die Einschnitte bei einem Weckerl usw.).

Ich verwende zum Backen immer naturbelassenes Salz. Reinweißes Salz, das unter der Bezeichnung Koch- bzw. Speisesalz im Supermarkt verkauft wird, wurde aufwändig industriell verarbeitet, gebleicht, bei hohen Temperaturen gesiedet und gereinigt (= raffiniert), sodass es – so schreibt es das Gesetz vor – nur noch aus Natriumchlorid besteht. Statt der in naturbelassenem Salz vorhandenen Mineralstoffe (z. B. Kalium, Magnesium etc.) und Spurenelemente (z. B. Selen, Silizium, Zink etc.) enthält Industriesalz verschiedene Chemikalien. Dazu gehören Rieselhilfen (Anti-Klumpmittel) sowie Jod- und Fluorverbindungen zur vermeintlichen Prophylaxe von Schilddrüsenerkrankungen und Karies.

GERSTENMALZMEHL

Die Zugabe von Gerstenmalzmehl ist nicht zwingend erforderlich, aber es sorgt für besseres Volumen und schönere Färbung des Gebäcks, der Geschmack von Krume und Kruste verbessert sich, das Gebäck wird knuspriger (mehr Rösche). Alternativ können Sie auch Honig, Zucker oder Rübensirup verwenden. Die Zugabemenge beträgt bei Weißgebäck etwa 2 % der Mehlmenge.

Ich verwende – **außer beim Backen mit der Übernachtgare** – für alle Rezepte Gerstenmalzmehl, da es wunderbare Backeigenschaften hat. **Beim Backen mit der Übernachtgare ersetze ich das Gerstenmalz durch Honig.**

FEINKRISTALLZUCKER

Bei Semmeln und anderen Weißgebäcksorten steht nicht die Süßkraft von Zucker im Vordergrund, sondern seine Funktion als Nahrung für die Hefe. Zucker wirkt sich auf die Bräunung beim Backen sowie die Konsistenz des Teiges bzw. des Gebäcks aus. Ich verwende bei meinen Rezepten normalen, handelsüblichen Feinkristallzucker, der jedoch durch Rohrzucker oder braunen Zucker ersetzt werden kann.

Meine Rezepte
schreibt die Natur!
Ofner – 100 % Bio!

INDUCTION
BIOBROT
BIO

Dreierlei
ZUBEREITUNGSVARIANTEN

Nun kommen wir zum Besonderen an diesem Buch: Diesmal habe ich für jedes Gebäck drei verschiedene Zubereitungsmethoden angegeben: **1) direkte Teigführung – einfach & schnell, 2) direkte Teigführung mit Übernachtgare und 3) indirekte Teigführung mit Vorteig – Slow Baking.**

Grundsätzlich wird zwischen der direkten und der indirekten Teigführung unterschieden.
Unter direkter Teigführung versteht man die einstufige Art der Teigbereitung: Alle Zutaten werden auf einmal vermengt und geknetet, dann kann der Teig gehen und nach kurzer Zeit geformt werden.
Bei der indirekten Teigführung erfolgt die Teigherstellung in zwei oder mehreren Stufen: Zuerst wird ein Vorteig und/oder Quellstück hergestellt, dann der Hauptteig.

1 *einfach & schnell*

DIREKTE TEIGFÜHRUNG MIT DER RUCK-ZUCK-METHODE

Die direkte Teigführung ist die einfachste und schnellste Methode der Zubereitung von Weißgebäck. Für den Teig werden einfach alle Zutaten zusammengemischt und verknetet.

TEIGENTWICKLUNG BEI DER RUCK-ZUCK-METHODE

Dadurch, dass dem Teig bei der direkten Teigführung etwas mehr Hefe beigegeben wird, bewirkt diese auch in sehr kurzer Zeit, dass der Teig gut aufgeht, locker wird, an Volumen gewinnt und rasch backfähig ist.

Der große Vorteil dieser Methode ist, dass der Zeitraum zwischen der Teigherstellung und dem Backbeginn nicht mehr als 60–90 Minuten beträgt. Das ermöglicht es, auch ganz spontan sein Lieblingsgebäck selbst zu machen.

DIE VORTEILE DER DIREKTEN TEIGFÜHRUNG

- kein großer Aufwand
- schnelles Backergebnis
- Zeitersparnis

DIE NACHTEILE

- meist muss dem Teig etwas mehr Hefe beigemengt werden
- kürzere Frischhaltung
- schlechtere Schnittfähigkeit

TIPPS FÜR DIE RUCK-ZUCK-ZUBEREITUNG

- Zutaten genau abwiegen
- Temperaturangaben für Wasser einhalten
- Knetzeit und Gehzeit einhalten
- Backtemperatur- und Zeit beachten – also kurz gesagt: Wenn Sie die Rezepte genau befolgen, kann nichts schief gehen!

2 einfach & praktisch

DIREKTE TEIGFÜHRUNG MIT WENIGER HEFE UND ÜBERNACHTGARE

Die Krönung für jedes Frühstück ist ofenfrisches Gebäck. Damit man aber nicht schon um 4 Uhr morgens aufstehen muss, gibt es eine praktische Alternative – die Übernachtgare: Der Teig reift nicht bei Zimmertemperatur, sondern bei maximal 8 °C, denn bei dieser Führungsart lässt man die fertig geformten Teiglinge im Kühlschrank gehen, weshalb diese Methode auch **„kalte Teigführung"** genannt wird.

TEIGENTWICKLUNG BEI DER ÜBERNACHTGARE

Das langsame Reifen des Teiges bei Kühlschranktemperaturen bewirkt, dass der Teig anders „reagiert" und sich anders entwickelt als bei Zimmertemperatur – es kommt zu einer „Gärverzögerung". Dabei werden einerseits z. B. Polysaccharide oder bestimmte Kohlenhydratverbindungen besser abgebaut bzw. zu Zucker umgewandelt und tragen so zu einer besseren Verträglichkeit des Gebäcks und zu einer Intensivierung des Geschmacks bei, weil der Teig während der langen Reifezeit mehr Aromen entwickeln kann.

Andererseits können die Enzyme, die auch bei niedrigen Temperaturen arbeiten, weiter Stärke und Proteine abbauen, was das Klebergerüst des Teiges beeinträchtigen könnte. Dadurch kann es passieren, dass dann die Teiglinge im Ofen nicht so gut aufgehen.

Aus diesem Grund sollte beim Backen mit der Übernachtgare dem Teig kein aktives Gerstenmalzmehl als Zutat beigefügt werden. Optional kann stattdessen Honig verwendet werden.

DIE VORTEILE DER DIREKTEN TEIGFÜHRUNG MIT ÜBERNACHTGARE

- mehr Geschmack und kräftigeres Aroma
- man benötigt weniger Hefe als bei der direkten Teigführung (Hefemenge kann um ca. ein Drittel reduziert werden)
- bessere Krumen- und Krusteneigenschaften
- gute Planbarkeit: ofenfrisches Gebäck frühmorgens – kein Problem

DIE NACHTEILE

- man braucht ausreichend Platz im Kühlschrank
- möglicherweise schwächerer Ofentrieb (d. h., das Gebäck hat etwas weniger Volumen)
- Krume weist ev. etwas größere Porung auf

TIPPS FÜR DIE ZUBEREITUNG MIT ÜBERNACHTGARE

- Bei den Rezepten finden Sie jeweils detailliert die genauen Zubereitungsschritte zur optimalen Herstellung.
- Das Zeitfenster (also die Reifezeit) ist mit etwa 12 Stunden berechnet, d. h. wenn Sie z. B. am Abend um 20 Uhr ihr Gebäck in den Kühlschrank stellen, sollte es am nächsten Tag gegen 8 Uhr in den Ofen geschoben werden. Das Zeitfenster kann sich bei Bedarf jedoch durchaus um bis zu 3 Stunden verlängern, d. h., Sie können das Gebäck auch schon um 17 Uhr in den Kühlschrank stellen und um 8 Uhr backen. Für die Übernachtgare empfehle ich, das Backblech mit einem Leinentuch (nicht mit Backpapier) auszulegen. Dieses bemehle ich leicht mit einem Mehlsieb und setze die Teiglinge direkt darauf.
- Die Teiglinge bedecke ich ebenfalls mit einem Leinentuch.
- Achten Sie auf die Temperatur in Ihrem Kühlschrank (sollte im Schnitt bei ca. 8 °C liegen).
- Wenn Sie am nächsten Morgen bzw. nach 12 Stunden mit dem Backen beginnen wollen, heizen sie zuerst den Backofen auf.
- Nehmen Sie das Blech mit den gereiften Teiglingen erst aus dem Kühlschrank, wenn der Backofen genügend vorgeheizt ist.
- Wenn die Teiglinge, aus welchem Grund auch immer (siehe Fehlerursachen & Lösungen auf S. 158/159), noch nicht optimal aufgegangen sind, lassen Sie diese bei Raumtemperatur etwas akklimatisieren.

3 Slow Baking

INDIREKTE TEIGFÜHRUNG MIT WENIGER HEFE, VORTEIG & LANGER GARE

„Gut Ding braucht Weile“ – das beschreibt diese Zubereitungsmethode eigentlich am besten. Der Begriff „Slow Baking“ ist ein moderner, trendiger Begriff. Dabei war diese Methode früher selbstverständlich: Backen mit natürlichen Zutaten, ohne Zusatzstoffe und mit der zweistufigen, also indirekten Teigführung (mit Vorteig oder Sauerteig), um so dem Teig sozusagen doppelt Zeit zum Reifen zu lassen.
Es wird also zuallererst je nach Rezept ein Vorteig zubereitet, dieser geht zunächst bei Zimmertemperatur und reift dann mindestens 12 Stunden im Kühlschrank. Dann erst wird der gereifte Vorteig mit den übrigen Zutaten zum Hauptteig verknetet. Die indirekte Teigführung führt zu deutlich mehr Gebäckqualität, denn schon der lange Reifeprozess des Vorteigs bewirkt die Bildung von stärkeren Aromen. Der gravierendste Vorteil ist jedoch die weitaus bessere Verträglichkeit von Brot und Gebäck, deren Teige langsam reifen. Denn längere Reifezeit bedeutet, dass Di- und Monosaccharide, die zu Verdauungsbeschwerden führen können, zu einem Großteil abgebaut werden und so das Gebäck bekömmlicher machen.

TEIGENTWICKLUNG BEI INDIREKTER TEIGFÜHRUNG MIT VORTEIG

Bei der indirekten Teigführungen wird immer mit einem Vorteig oder einem Sauerteig gearbeitet.
Für die Rezepte in diesem Buch habe ich mich für die Zubereitung mit einem **Weizenvorteig, der vom Mengenverhältnis her aus 1:1 Wasser und Mehl besteht,** entschieden. Die Hefemenge liegt meist bei 1 %.
Dieser Vorteig mit dem 1:1-Mengenverhältnis wird in der Fachsprache **auch als „Poolish“ bezeichnet.** Man nimmt an, dass polnische Einwanderer diesen Vorteig über Österreich nach Frankreich gebracht haben.

Der fertige Poolish zeigt nach der Reifung schöne Bläschen.

ZUBEREITUNG VON WEIZENVORTEIG (POOLISH)

Für den Vorteig wird Weizen- oder Dinkelmehl, Wasser und Hefe angesetzt, diese Mischung kann dann reifen. Eine Säuerung wird nicht angestrebt. Zuerst das Wasser in einen Behälter geben, dann eine kleine Menge frische Hefe (lt. Rezept) dazugeben (falls Ihre Küchenwaagen so kleine Hefemengen nicht wiegen kann, können Sie die benötigte Hefemenge mit der Größe einer Erbse vergleichen. Wie das Foto zeigt, ist das Stückchen auf dem Teelöffel sehr klein).
Anschließend die Hefe im Wasser auflösen, am besten mit einem Schneebesen, dann das Mehl beimengen und alles verrühren. Den Poolish 2–3 Stunden zugedeckt bei Raumtemperatur stehen lassen und anschließend 12–24 Stunden im Kühlschrank lagern.

Der gereifte Vorteig kann dann für die Herstellung des Hauptteiges direkt aus dem Kühlschrank den anderen Zutaten beigemengt werden. Beim Hauptteig selbst wird dann weniger Hefe verwendet, dafür werden die Gehzeiten dementsprechend verlängert. Dadurch wird das Gebäck bekömmlicher, schmeckt intensiver und hält sich lange frisch.

Der Vorteig sollte im Kühlschrank bei ca. 7–8 °C gelagert werden. Die Oberfläche sollte auf keinen Fall austrocknen, daher den Behälter mit einem Deckel oder Frischhaltfolie abdecken.

Grundsätzliches

ZUM SELBERBACKEN

TEIGBEREITUNG

Die wichtigsten Zutaten wurden bereits vorne beschrieben (siehe S. 18–20), nun möchte ich noch kurz auf die Teigbereitung eingehen. Denn neben besten Zutaten gibt es einige Parameter bezüglich der Teigherstellung, die aus meiner Sicht unbedingt eingehalten werden sollten.

DIE TEIGHERSTELLUNG MIT WEIZENMEHL

Wesentlich für einen perfekten Weizenteig sind mehrere Punkte, das umfasst das Kneten, die Teigfestigkeit, die Teigruhe und das Formen der Teiglinge.

TEIGTEMPERATUR
Die optimale Teigtemperatur von Weizenteig beträgt ca. 24–26 °C. Um die optimale Teigtemperatur zu erlangen, sollte das dem Teig beigemengte Wasser eine Temperatur von ca. 22–24 °C haben. Während des Knetvorganges erwärmt sich der Teig und erreicht die optimale Temperatur.

DAS KNETEN
Knetet man Weizenteig zu kurz, geht dieser nicht optimal auf und zieht sich im Backofen wieder etwas zusammen. Aber man darf einen Weizenteig auch nicht überkneten, denn sonst hat dieser keine

Stabilität mehr und neigt dazu, dass die Gebäckstücke flach werden und kein Volumen bekommen. Wie in den Rezepten angegeben, beginne ich zuerst immer auf kleinster Stufe mit der Küchenmaschine und mische den Teig 2–3 Minuten, dann schalte ich auf die nächsthöhere Stufe und knete die restlichen 6–7 Minuten etwas intensiver.

Durch das Kneten (am besten mit der Küchenmaschine oder den Knethaken des Handmixers) werden die festen und flüssigen Zutaten miteinander verbunden, es bildet sich ein „Klebernetzwerk" durch die Verbindung von Glutenin und Gliadin (Klebereiweiß), der Teig bekommt Struktur und kann gut aufgehen.

TEIGFESTIGKEIT

Je weicher ein Teig, umso besser, für mich zumindest. Aber für Hobbybäcker ist es schwieriger, sehr weiche Teige zu formen. Damit das Gebäck Zuhause bestens gelingt, habe ich darauf geachtet, dass die Teige für alle Rezepte in diesem Buch nicht zu weich sind.

Weizenmehl kann nicht so viel Wasser aufnehmen wie z. B. Roggenmehl. Bei Weizenteigen spricht man von einer durchschnittlichen TA (Teigausbeute) von ca. 155–160 (Mehlanteil wird mit 100 % angegeben, dazu kommen 55–60 % Wasser).

TEIGRUHE

Nach dem Kneten muss der Teig sich entspannen – frisch gekneteten Teig könnte man nicht gut formen. Auch zur Volumenbildung dient die Teigruhe: Durch die Hefegärung, die während der Teigruhe einsetzt, bilden sich Gärgase im Teig, der Teig reift und geht auf. Die Dauer der Teigruhe ist abhängig von der gewählten Zubereitungsmethode und ist abhängig von verschiedenen Faktoren. Je länger ein Teig rasten kann, umso entspannter ist er auch und umso leichter lässt er sich aufarbeiten bzw. formen.

FORMEN DER TEIGLINGE

Zum Aufarbeiten, also zum Formen der Teiglinge bestreue ich die Arbeitsfläche am liebsten mit Roggenmehl der Type R960. Ich arbeite sehr gerne damit, da ich persönlich das Gefühl habe, das dieses Mehl sich gut angreift, für mich also „griffige" Qualitäten hat. Zu viel Mehl sollte man aber nicht verwenden. Denn wenn zu viel Mehl am Arbeitstisch liegt, tut man sich sehr schwer beim Schleifen und Formen der Teigstücke.

DIE TEIGHERSTELLUNG MIT DINKELMEHL

Im Großen und Ganzen ist die Bereitung von Dinkelteigen jener von Weizenteigen ähnlich. Einige wenige Unterschiede bei den einzelnen Schritten der Teigbereitung jedoch sollte man beachten. So brauchen Dinkelteige keine zu warmen Temperaturen – das bedeutet, dass sowohl bei der Wassertemperatur als auch bei der Teigruhe darauf geachtet werden muss.

TEIGTEMPERATUR

Die optimale Teigtemperatur von Dinkelteig beträgt ca. 22–24 °C, also weniger als Weizenteig. Um die optimale Teigtemperatur zu erlangen, sollte das dem Teig beigemengte Wasser nicht zu warm sein. Am besten wäre eine Wassertemperatur von ca. 22–24°C: Aufgrund dessen, dass der Teig nur langsam und kürzer als Weizenteig geknetet wird, erwärmt sich der Teig während dem Kneten weniger als Weizenteig, deshalb entspricht die optimale Wassertemperatur der optimalen Teigtemperatur.

DAS KNETEN

Dinkelteige bevorzugen eine sanfte, schonende Bearbeitung. Werden die Teige mit einer Küchenmaschine geknetet, reicht die erste Stufe der Geschwindigkeit. Auf keinen Fall sollen Dinkelteige zu lange geknetet werden. Die Erfahrung hat gezeigt, dass 5–6 Minuten insgesamt auf jeden Fall ausreichen.

TEIGFESTIGKEIT

Die bei den Rezepten angegebenen Mengen sind von mir mehrfach erprobt und gewährleisten, dass die Teige nicht zu weich und gut formbar sind. Wenn Sie das Dinkelmehl Type 700 gegen Dinkelvollkornmehl austauschen wollen, ist das kein Problem. Allerdings sollten Sie in diesem Fall ca. 10 % mehr Flüssigkeit hinzufügen.

TEIGRUHE

Im Gegensatz zu Weizenteig braucht Dinkelteig keine Teigruhe nach dem Kneten. Wie in den Rezepten angegeben, sollte der Dinkelteig zügig aufgearbeitet werden.

FORMEN DER TEIGLINGE

Beim Ausarbeiten von Dinkelteig ist zu beachten, dass die Teiglinge nicht zu lange und intensiv bearbeitet werden: Sie sollten die Teigstücke möglichst kurz schleifen, rollen, wutzeln usw., denn zu grobe Bearbeitung hält Dinkelteig nicht aus. Die Folge wäre, dass der Teig bricht und keine Stabilität mehr aufweist. Dadurch geht er nicht so gut auf und die Gebäckstücke werden flacher.

DIE TEIGHERSTELLUNG MIT EINEM QUELLSTÜCK

Wenn zu einem Teig Körner, Saaten und/oder Getreideflocken zugegeben werden sollen (z. B. Leinsamen, Sesam, Sonnenblumenkerne, Mohn, Hafer-, Dinkelflocken usw.), so müssen diese vor der Teigbereitung quellen. Dazu werden die Saaten etc. im Verhältnis 1:1 bis 1:2 mit ca. 40 °C warmem Wasser vermischt.

QUELLZEIT

Saaten, Körner, Getreideflocken etc. werden mit warmem Wasser vermengt und für mindestens 3 Stunden oder über Nacht angesetzt (in der warmen Jahreszeit im Kühlschrank). Je länger sie quellen, umso besser nehmen sie die Flüssigkeit auf.

VORTEILE VON EINEM QUELLSTÜCK

- Durch das aufgesogene Wasser werden die Körner, Saaten und Getreideflocken weicher und somit auch besser verdaubar (speziell bei Leinsamen ganz wichtig).
- Die gequollenen Körner, Saaten und Getreideflocken versorgen den Teig mit mehr Wasser bzw. Flüssigkeit.
- Gebäck, das mit Quellstücken gebacken wird, hält sich länger frisch.
- Die Schnittfähigkeit von Gebäck mit gequollenen Körnern, Saaten und Getreideflocken verbessert sich.

BACKEN VON HANDGEBÄCK

Bei den Rezepten im Buch haben die Teiglinge im Schnitt ein Gewicht von etwa 70–100 g pro Stück. Bei Rezepten, wo ich das Gefühl hatte, es wird schon ziemlich eng auf dem Backblech, habe ich darauf hingewiesen, die Teiglinge auf zwei Bleche aufzuteilen, damit sich die Hitze beim Backen besser verteilen kann und die Gebäckstücke auch gleichmäßig gebräunt werden.

WIE HEISS, WELCHE EINSTELLUNG & WIE LANG?

BACKTEMPERATUR

Bezüglich der Backtemperatur bewegen wir uns im Schnitt bei ca. 210 °C. Das ist aus meiner Sicht für den Haushaltsbackofen ganz optimal. Je nach Art des Backofens kann es natürlich Unterschiede beim Backen geben. Aber heutzutage sind die modernen Haushaltsbacköfen relativ genau, was die Temperatur betrifft. Im Zweifelsfall mit einem Backofenthermometer überprüfen, ob die Temperatur im Ofen auch der angezeigten/eingestellten Temperatur entspricht.

HEISSLUFT (UMLUFT) ODER OBER-/UNTERHITZE

Hier scheiden sich die Geister, denn sowohl das Backen mit Heißluft als auch der Betrieb mit Ober-/Unterhitze hat seine Vorteile.
Wenn zwei Bleche gleichzeitig im Ofen sind, ist meiner Erfahrung nach das Backen mit Heißluft (Umluft) zu empfehlen, weil sich die Hitze durch den Ventilator im ganzen Backofen gleichmäßig verteilt.

Andererseits ist es jedoch so, dass diese Heißluft (Umluft) die Oberfläche des Gebäcks sehr heiß anbläst. Das kann dazu führen, dass die Teigoberfläche schneller austrocknet, die Gebäckstücke aber im Kern noch weich und teigig sind (die Krume ist etwas speckig).

Deshalb backe ich z. B. meine Semmeln gerne mit Ober-/Unterhitze. Durch die ruhige Backatmosphäre im Ofen (Hitze wird nicht herumgewirbelt) trocknet das Gebäck nicht aus und ich habe den Eindruck, dass die Semmeln gleichmäßig und langsam gebräunt werden.

Ich kann und will daher nicht beurteilen, was denn nun die bessere Variante ist – entscheiden Sie selbst nach persönlichen Vorlieben und Gewohnheiten. Die Angaben in den jeweiligen Rezepten beziehen sich immer auf die Heißluft. Wenn Sie lieber mit Ober-/Unterhitze backen, sollten Sie die Temperatur um ca. 20 °C höher einstellen als im Rezept angegeben.

DER DAMPF IST ENTSCHEIDEND

Wenn Sie meine Rezepte kennen, wissen Sie, dass ich (fast immer) empfehle, beim Backen eine Schale mit Wasser in den Backofen zu stellen. Der Dampf beim Backen sorgt dafür, dass die Oberfläche länger feucht und elastisch bleibt. Der Teig kann dadurch besser und länger aufgehen, ohne dabei auszutrocknen. Ohne eine ordentliche Dampferzeugung wird das Gebäck eher trocken und hat keinen Glanz.
Der Dampf wird sofort nach dem Einschießen der Teiglinge in den Ofen gegeben. Er kondensiert auf dem Teigling, das in der Teighaut enthaltene Eiweiß gerinnt sofort und die Stärke verkleistert. So entsteht eine rösche und knusprige Kruste.

DAMPFBACKOFEN ODER GEWÖHNLICHER HAUSHALTSBACKOFEN

Die neuesten Dampfbacköfen diverser Hersteller haben mittlerweile eine Reihe von Funktionen, um mit optimaler Hitze in Verbindung mit Dampf (Schwaden) zu backen. Bei manchen Herstellern heißt diese Funktion Klimagaren, bei anderen Combigaren, Intervall- oder Dampfgaren, um nur einige Beispiele zu nennen. Wichtig ist, die Betriebsanleitung seines Gerätes zu studieren und so herauszufinden, welche Funktion für welches Backwerk die geeignete ist.

Wenn Sie keinen Backofen mit Dampffunktion haben, können Sie Dampf folgendermaßen erzeugen:

- Wenn man den Ofen aufheizt, sofort eine Auflaufform auf den Boden des Backofens stellen und mit aufheizen. Bevor man das Gebäck in den Ofen schiebt, Wasser oder Eiswürfel in die Auflaufform gießen.
- Lavasteine (gibt es bei div. Baumärkten) schon beim Aufheizen in einem Gefäß in den Ofen stellen, mithilfe einer Sprühflasche mit Wasser befeuchten, wenn die Teiglinge in den Ofen geschoben werden.
- Dampferzeugung mittels Sprühflasche – hierbei werden die Ofenwände und der Boden kräftig mit Wasser besprüht.

BACKDAUER

Die Backdauer richtet sich natürlich immer nach dem Gewicht der Teiglinge. Bitte betrachten Sie meine Angaben als Richtwert und beobachten Sie beim ersten Mal Backen die Gebäckstücke: Es kann vorkommen, dass Sie Ihr Gebäck vielleicht schon etwas früher aus dem Backofen nehmen müssen. Oder umgekehrt – Ihre Gebäckstücke brauchen möglicherweise einige Minuten länger, bis sie die gewünschte Farbe haben und schön knusprig sind.

BACKEN AUF VORRAT

Ofenfrisches Gebäck rund um die Uhr, das ist durchaus möglich. Sofern Sie genügend Platz im Tiefkühlschrank haben, können Sie gleich eine größere Menge backen, Gebäckstücke einfrieren und je nach Bedarf wieder aufbacken bzw. auftauen.

TIPPS VOM BÄCKERMEISTER ZUM EINFRIEREN & AUFBACKEN

- Backen Sie Ihr Gebäck wie in den Rezepten beschrieben fertig, und lassen es dann mindestens eine Stunde bei Raumtemperatur auskühlen. Hier eignet sich am besten ein Rost, damit die Gebäckstücke von unten Luft bekommen und nicht zu schwitzen beginnen.
- Anschließend können Sie das Gebäck in einen Gefrierbeutel geben, gut verschließen und in den Tiefkühlschrank geben.
- Bei Bedarf nehmen Sie Ihr tiefgekühltes Gebäck aus dem Tiefkühlschrank und legen es auf ein Backblech (oder einen Küchenrost) und schieben dieses anschließend in den kalten Backofen, dann schalten Sie den Backofen auf 110 °C – hier ist es egal, ob mit Heißluft oder Ober-/Unterhitze – und backen die gefrorenen Gebäckstücke etwa 15 Minuten auf.
- Eine Dampfzufuhr ist beim Aufbacken nicht notwendig.

BEVOR ES LOSGEHT

Im Prinzip sind es nur einige wenige Utensilien, die man für das Selberbacken von Brot und Gebäck benötigt. In meinen anderen Büchern habe ich diese genau beschrieben und abgebildet. Diese Beschreibung finden Sie auch auf meiner Webseite **www.derbackprof.at** als Pdf zum Downloaden. Deshalb sollen die Backhelferlein hier nur aufgezählt werden: *Küchenwaage, Teigthermometer, Messbecher, Teigkarte/Teigspachtel, Mehlsieb, Sprühflasche, Teigmesser, Pizzastein, Lochblech*

Bäckerleinen

Da ich das Bäckerleinen noch nicht beschrieben habe, soll das hier erfolgen: Das naturbelassene Leinen eignet sich ideal zum Reifen von weicheren Teiglingen für Kleingebäck, Baguettes oder Brote. Die Teiglinge werden auf einer Hälfte des ca. 50 x 80 cm großen, mit Mehl bestaubten Leinentuchs abgelegt und mit der anderen Tuchhälfte bedeckt, um eine zu starke Verhautung zu vermeiden und die Temperatur stabil zu halten. Zwischen die Teiglinge wird eine Tuchfalte gezogen, damit sie sich gegenseitig stützen können. Durch den dünnen und locker gewebten Stoff bleiben weiche Teiglinge nicht so schnell kleben, auch bei wenig Mehl auf dem Leinen. Die Teiglinge bilden im Tuch eine feine Haut und lösen sich so unproblematisch. Insbesondere bei sehr langen Ruhezeiten, bei sehr weichen Teiglingen oder bei Restfeuchte im Tuch kann es dennoch zu Anhaftungen kommen, wenn nicht ausreichend bemehlt wurde. Die Teiglinge lassen sich aber problemlos lösen, wenn das Tuch schräg angehoben wird und der Teigling sich langsam durch sein Eigengewicht vom Leinen zieht. In hartnäckigen Fällen kann mit der Teigkarte nachgeholfen werden. Auf keinen Fall sollte das Tuch schnell vom Teigling gelöst werden, da sonst die Teighaut einreißt.

Der BACKprofi®

Backen mit Geling-Garantie vom Bäckermeister!

Auch als Video auf meiner Webseite

Handkaisersemmeln

1 *einfach & schnell*

DIREKTE TEIGFÜHRUNG

ZUTATEN FÜR 9 STÜCK

400 g Weizenmehl Type W700
8 g Salz
8 g Gerstenmalzmehl
5 g Feinkristallzucker
15 g Butter
15 g frische Hefe
50 g Milch (kalt)
190 g Wasser (22 °C)

2 *einfach & praktisch*

ÜBERNACHTGARE

ZUTATEN FÜR 9 STÜCK

400 g Weizenmehl Type W700
8 g Salz
8 g Honig
5 g Feinkristallzucker
15 g Butter
12 g frische Hefe
50 g Milch (kalt)
190 g Wasser (22 °C)

ZEITEN & TEMPERATUR

KNETZEIT
3 Minuten langsam,
6 ½ Minuten intensiver

TEIGRUHE NACH DEM KNETEN
20 Minuten + 20 Minuten Zwischengare

TEIGGEWICHT PRO STÜCK
ca. 75 g

GEHZEIT VOR DEM BACKEN
1) ca. 30 Minuten bzw.
2) mind. 12 Stunden

BACKZEIT & TEMPERATUR
ca. 18 Minuten bei 210 °C Heißluft

1 *einfach & schnell*

ZUBEREITUNG

01 Alle Zutaten wie angegeben verkneten, mit einem Tuch abdecken und bei Raumtemperatur 20 Minuten rasten lassen.

02 Teigstücke zu ca. 75 g auswiegen, diese auf einer leicht bemehlten Arbeitsfläche rund formen und mit Staubmehl* kräftig bemehlen.

03 Die Teigkugeln mit einem Geschirrtuch abdecken und 20 Minuten bei Raumtemperatur rasten lassen.

04 Die Teigkugeln mit der Hand flach drücken und die Semmeln wie auf der nächsten Seite gezeigt einschlagen, mit der Sternform nach unten auf ein mit Staubmehl bemehltes Leinentuch legen.

05 Zugedeckt ca. 30 Minuten bei Raumtemperatur gehen lassen, Backofen vorheizen.

06 Die Semmeln vor dem Backen vorsichtig umdrehen, auf ein Backblech legen, kräftig mit Wasser besprühen, in den Backofen schieben.

07 Mit viel Dampf goldbraun backen, danach auf einem Küchenrost auskühlen lassen.

2 *einfach & praktisch*

ZUBEREITUNG

nächste Seite *Schritt-für-Schritt-Anleitung*

Zubereitungsschritte 1–4 wie links beschrieben

05 Semmeln mind. 12 Stunden bzw. über Nacht im Kühlschrank gehen lassen (bei max. 8 °C).

06 Nach der Übernachtgare Backofen vorheizen, die Semmeln aus dem Kühlschrank nehmen, mit der Sternform nach oben auf ein Backblech legen, mit Wasser besprühen.

07 Wie oben beschrieben backen und auskühlen lassen.

* Staubmehl: 50 % Kartoffel- oder Maisstärke und 50 % Roggenmehl Type R960

Schritt-für-Schritt

Daumen der linken Hand auf den mit der Hand flach gedrückten Teigkreis legen.

Teig oberhalb vom Daumen über den Daumen zur Mitte klappen.

Mit der Handkante den über den Daumen geschlagenen Teig festdrücken.

Die Teigkante rechts oben zur Mitte hin klappen und mit der Handkante fixieren.

Den Teig insgesamt fünfmal auf diese Weise einschlagen.

Daumen aus der ersten „Lasche" nehmen und den letzten Teigzipfel hineindrücken.

3 Slow Baking

INDIREKTE TEIGFÜHRUNG MIT VORTEIG

ZUTATEN FÜR 9 STÜCK

VORTEIG (POOLISH)

100 g Wasser (22 °C)
1 g frische Hefe
100 g Weizenmehl Type W700

201 g Vorteig (Poolish)

HAUPTTEIG

201 g Vorteig (Poolish)
300 g Weizenmehl Type W700
8 g Salz
8 g Gerstenmalzmehl
5 g Feinkristallzucker
15 g Butter
5 g frische Hefe
50 g Milch (kalt)
90 g Wasser (22 °C)

ZEITEN & TEMPERATUR

KNETZEIT
3 Minuten langsam,
6 ½ Minuten intensiver

TEIGRUHE NACH DEM KNETEN
30 Minuten + 30 Minuten Zwischengare

TEIGGEWICHT PRO STÜCK
ca. 75 g

GEHZEIT VOR DEM BACKEN
ca. 60 Minuten

BACKZEIT & TEMPERATUR
18 Minuten bei 210 °C Heißluft

3 Slow Baking

ZUBEREITUNG VORTEIG

01 Mit einem Schneebesen die Hefe komplett im Wasser auflösen, das Mehl dazugeben und noch einmal mit dem Schneebesen verrühren, bis die Masse gut vermengt ist.

02 Mit Frischhaltefolie oder einem Tuch abdecken, 2–3 Stunden bei Raumtemperatur stehen lassen und anschließend für 12–24 Stunden in den Kühlschrank stellen.

ZUBEREITUNG AM BACKTAG

03 Alle Zutaten für den Hauptteig genau mit einer Küchenwaage einwiegen und den Teig wie angegeben kneten, danach den Teig mit einem Tuch abdecken und bei Raumtemperatur 30 Minuten rasten lassen.

04 Den Teig auf eine leicht bemehlte Arbeitsfläche geben und Teigstücke zu ca. 75 g auswiegen, diese rund formen (schleifen) und mit Staubmehl kräftig bemehlen.

05 Die Teigkugeln mit einem Geschirrtuch abdecken und 30 Minuten bei Raumtemperatur rasten lassen.

06 Die Teigkugeln mit der Hand flach drücken und die Semmeln wie auf der gegenüberliegenden Seite gezeigt einschlagen.

07 Mit der Sternform nach unten auf ein mit Staubmehl bemehltes Leinentuch legen und zugedeckt ca. 60 Minuten bei Raumtemperatur gehen lassen.

08 Den Backofen auf 210 °C Heißluft vorheizen.

09 Die Semmeln vor dem Backen vorsichtig umdrehen, auf ein Backblech legen, kräftig mit Wasser besprühen und in den Backofen schieben.

10 Mit viel Dampf goldbraun backen, danach auf einem Küchenrost auskühlen lassen.

Auch als
Video auf
meiner
Webseite

Steirische Langsemmel

1 einfach & schnell

DIREKTE TEIGFÜHRUNG

ZUTATEN FÜR 9 STÜCK

410 g Weizenmehl Type W700
8 g Salz
8 g Gerstenmalzmehl
8 g Butter
15 g frische Hefe
230 g Wasser (22 °C)

2 einfach & praktisch

ÜBERNACHTGARE

ZUTATEN FÜR 9 STÜCK

410 g Weizenmehl Type W700
8 g Salz
8 g Honig
8 g Butter
12 g frische Hefe
230 g Wasser (22 °C)

ZEITEN & TEMPERATUR

KNETZEIT
3 Minuten langsam,
6 ½ Minuten intensiver

TEIGRUHE NACH DEM KNETEN
20 Minuten

TEIGGEWICHT PRO STÜCK
ca. 75 g

GEHZEIT VOR DEM BACKEN
1) ca. 30 Minuten bzw.
2) mind. 12 Stunden

BACKZEIT & TEMPERATUR
ca. 18 Minuten bei 210 °C Heißluft

1 einfach & schnell

ZUBEREITUNG

01 Alle Zutaten wie angegeben verkneten, danach mit einem Tuch abdecken und bei Raumtemperatur 20 Minuten rasten lassen.

02 Teigstücke zu ca. 75 g auswiegen, diese rund formen (schleifen), danach eine ca. 8–10 cm lange Rolle formen.

03 Die Teigrollen an der Oberfläche kräftig mit Staubmehl (siehe S. 39) bemehlen, mit einem Rundholz die Teiglinge in der Mitte fast durchdrücken, verkehrt auf ein mit Staubmehl bemehltes Leinentuch legen.

04 Die Langsemmeln zugedeckt ca. 30 Minuten bei Raumtemperatur gehen lassen, den Backofen auf 210 °C Heißluft vorheizen.

05 Die Semmeln vor dem Backen vorsichtig umdrehen, auf ein Backblech legen und das überschüssige Staubmehl abkehren.

06 Die Semmeln kräftig mit Wasser besprühen und in den Backofen schieben.

07 Mit viel Dampf goldbraun backen, danach auf einem Küchenrost auskühlen lassen.

2 einfach & praktisch

ZUBEREITUNG

Zubereitungsschritte 1–3 wie links beschrieben

04 Die Langsemmeln zugedeckt mindestens 12 Stunden bzw. über Nacht im Kühlschrank gehen lassen (bei max. 8 °C).

05 Nach der Übernachtgare den Backofen auf 210 °C Heißluft vorheizen, die Semmeln aus dem Kühlschrank nehmen, umdrehen und auf ein Backblech legen.

06 Das überschüssige Staubmehl abkehren, die Semmeln mit Wasser besprühen und in den Backofen schieben.

07 Wie oben beschrieben backen und auskühlen lassen.

nächste Seite
Schritt-für-Schritt-Anleitung

Schritt-für-Schritt

Nach dem Schleifen die Teigkugeln zu 8–10 cm langen Rollen formen.

Bemehlte Teigrollen mit dem Rundholz in der Mitte fast durchdrücken.

Leinentuch bemehlen, Langsemmeln verkehrt darauflegen, zugedeckt gehen lassen.

Nach dem Gehen vorsichtig wieder umdrehen, auf ein Backblech legen.

Mit einem Mehlbesen überschüssiges Staubmehl abkehren.

Vor dem Backen kräftig besprühen, dann in den Ofen schieben.

3 Slow Baking

INDIREKTE TEIGFÜHRUNG MIT VORTEIG

ZUTATEN FÜR 9 STÜCK

VORTEIG (POOLISH)

100 g Wasser (22 °C)
1 g frische Hefe
100 g Weizenmehl Type W700
201 g Vorteig (Poolish)

HAUPTTEIG

201 g Vorteig (Poolish)
310 g Weizenmehl Type W700
8 g Salz
8 g Gerstenmalzmehl
8 g Butter
5 g frische Hefe
130 g Wasser (22 °C)

ZEITEN & TEMPERATUR

KNETZEIT
3 Minuten langsam,
6 ½ Minuten intensiver

TEIGRUHE NACH DEM KNETEN
30 Minuten

TEIGGEWICHT PRO STÜCK
ca. 75 g

GEHZEIT VOR DEM BACKEN
ca. 60 Minuten

BACKZEIT & TEMPERATUR
18 Minuten bei 210 °C Heißluft

3 Slow Baking

ZUBEREITUNG VORTEIG

01 Mit einem Schneebesen die Hefe komplett im Wasser auflösen, das Mehl dazugeben und noch einmal mit dem Schneebesen verrühren, bis die Masse gut vermengt ist.

02 Mit Frischhaltefolie oder einem Tuch abdecken, 2–3 Stunden bei Raumtemperatur stehen lassen und anschließend für 12–24 Stunden in den Kühlschrank stellen.

ZUBEREITUNG AM BACKTAG

03 Alle Zutaten für den Hauptteig genau einwiegen und den Teig wie angegeben kneten, danach mit einem Tuch abdecken und bei Raumtemperatur 30 Minuten rasten lassen.

04 Den Teig auf eine leicht bemehlte Arbeitsfläche geben und Teigstücke zu ca. 75 g auswiegen, diese rund formen (schleifen) und danach eine ca. 8–10 cm lange Rolle formen.

05 Die Teigrollen an der Oberfläche kräftig mit Staubmehl bemehlen, mit einem Rundholz die Teiglinge in der Mitte fast durchdrücken.

06 Die Langsemmeln verkehrt auf ein mit Staubmehl bemehltes Leinentuch legen und zugedeckt ca. 60 Minuten bei Raumtemperatur gehen lassen.

07 Den Backofen auf 210 °C Heißluft vorheizen.

08 Die Semmeln vor dem Backen vorsichtig umdrehen, auf ein Backblech legen und das überschüssige Staubmehl abkehren.

09 Die Semmeln kräftig mit Wasser besprühen und in den Backofen schieben.

10 Mit viel Dampf goldbraun backen, nach dem Backen auf einem Küchenrost auskühlen lassen.

Auch als Video auf meiner Webseite

Wiener Reihensemmel

1 einfach & schnell

DIREKTE TEIGFÜHRUNG

ZUTATEN FÜR 2 „REIHEN"
500 g Weizenmehl Type W700
10 g Salz
10 g Gerstenmalzmehl
15 g Butter
16 g frische Hefe
290 g Wasser (22 °C)

2 einfach & praktisch

ÜBERNACHTGARE

ZUTATEN FÜR 2 „REIHEN"
500 g Weizenmehl Type W700
10 g Salz
10 g Honig
15 g Butter
12 g frische Hefe
290 g Wasser (22 °C)

ZEITEN & TEMPERATUR

KNETZEIT
3 Minuten langsam,
6 ½ Minuten intensiver

TEIGRUHE NACH DEM KNETEN
20 Minuten

TEIGGEWICHT PRO STÜCK
ca. 80–82 g

GEHZEIT VOR DEM BACKEN
1) ca. 30 Minuten bzw.
2) mind. 12 Stunden

BACKZEIT & TEMPERATUR
28 Minuten bei 200 °C Heißluft

1 einfach & schnell

ZUBEREITUNG

01 Alle Zutaten in eine Rührschüssel geben und den Teig wie angegeben kneten, danach mit einem Tuch abdecken und bei Raumtemperatur 20 Minuten rasten lassen.

02 Den Teig auf eine leicht bemehlte Arbeitsfläche geben und Teigstücke zu ca. 80 g auswiegen, diese rund formen (schleifen).

03 Die runden Teigstücke anschließend zu Rollen formen (ca. 8–10 cm lang).

04 Pro Reihensemmeln jeweils 5 Teigrollen dicht nebeneinander auf ein Backblech legen und ganz leicht mit Wasser besprühen.

05 Zudecken und bei Raumtemperatur ca. 30 Minuten gehen lassen, den Backofen auf 200 °C Heißluft vorheizen.

06 Die Reihensemmeln vor dem Backen gut mit Wasser besprühen, in den Backofen schieben.

07 Mit viel Dampf goldbraun backen, danach auf einem Küchenrost auskühlen lassen.

2 einfach & praktisch

ZUBEREITUNG

Zubereitungsschritte 1–4 wie links beschrieben

05 Die Reihensemmeln zudecken und mindestens 12 Stunden bzw. über Nacht im Kühlschrank gehen lassen (bei max. 8 °C).

06 Nach der Gehzeit den Backofen auf 200 °C Heißluft vorheizen, das Backblech aus dem Kühlschrank nehmen, die Reihensemmeln mit Wasser besprühen und in den Backofen schieben.

07 Wie oben beschrieben backen und auskühlen lassen.

nächste Seite Schritt-für-Schritt-Anleitung

Schritt-für-Schritt

Den Teig in gleich große Stücke teilen (jeweils ca. 82 g).

Die Teigstücke auf einer leicht bemehlten Arbeitsfläche rund schleifen.

Danach Rollen aus den runden Teigstücken formen.

Jeweils fünf Rollen pro Reihensemmel dicht nebeneinander auf das Backblech legen.

Wussten Sie?

Die Reihensemmel wird auch „Zeile“ genannt und ist im Grazer Raum als eine „Reih Wiener“ bekannt. Leider ist sie bei vielen Bäckern aus dem Regal verschwunden. Grund genug, diesem traditionellen Gebäck wieder mehr Aufmerksamkeit zu widmen. Die Krume ist köstlich weich, die Kruste zart splittrig – ein Gebäck, das für „reihenweisen“ Genuss am Frühstückstisch sorgt.

3 Slow Baking

INDIREKTE TEIGFÜHRUNG MIT VORTEIG

ZUTATEN FÜR 2 „REIHEN"

VORTEIG (POOLISH)

125 g Wasser (22 °C)
1 g frische Hefe
125 g Weizenmehl Type W700
251 g Vorteig (Poolish)

HAUPTTEIG

251 g Vorteig (Poolish)
375 g Weizenmehl Type W700
10 g Salz
10 g Gerstenmalzmehl
15 g Butter
5 g frische Hefe
165 g Wasser (22 °C)

ZEITEN & TEMPERATUR

KNETZEIT
3 Minuten langsam,
6 ½ Minuten intensiver

TEIGRUHE NACH DEM KNETEN
30 Minuten

TEIGGEWICHT PRO STÜCK
ca. 80–82 g

GEHZEIT VOR DEM BACKEN
ca. 60 Minuten

BACKZEIT & TEMPERATUR
28 Minuten bei 200 °C Heißluft

3 Slow Baking

ZUBEREITUNG VORTEIG

01 Mit einem Schneebesen die Hefe komplett im Wasser auflösen, anschließend das Mehl dazugeben und noch einmal mit dem Schneebesen verrühren, bis die Masse gut vermengt ist.

02 Mit Frischhaltefolie oder einem Tuch abdecken, 2–3 Stunden bei Raumtemperatur stehen lassen und anschließend 12–24 Stunden in den Kühlschrank stellen.

ZUBEREITUNG AM BACKTAG

03 Alle Zutaten für den Hauptteig genau einwiegen und den Teig wie angegeben kneten, danach mit einem Tuch abdecken und bei Raumtemperatur 30 Minuten rasten lassen.

04 Den Teig auf eine leicht bemehlte Arbeitsfläche geben und Teigstücke zu ca. 82 g auswiegen, diese rund formen (schleifen).

05 Die runden Teigstücke anschließend zu Rollen formen (ca. 8–10 cm lang).

06 Pro Reihensemmeln jeweils 5 Teigrollen dicht nebeneinander auf ein Backblech legen und ganz leicht mit Wasser besprühen.

07 Zudecken und bei Raumtemperatur etwa 60 Minuten gehen lassen.

08 Den Backofen auf 200 °C Heißluft vorheizen, die Reihensemmeln vor dem Backen gut mit Wasser besprühen und in den Backofen schieben.

09 Mit viel Dampf goldbraun backen, nach dem Backen auf einem Küchenrost auskühlen lassen.

Auch als Video auf meiner Webseite

Wussten Sie?

Der früher „Salzflecken“ genannte österreichische Klassiker wird seit jeher aus Semmelteig hergestellt. Ein Handsalzstangerl muss knusprig und ordentlich mit Salz und Kümmel bestreut sein.

Salzstangerln

1 einfach & schnell

DIREKTE TEIGFÜHRUNG

ZUTATEN FÜR 10 STÜCK (2 BLECHE)

520 g Weizenmehl Type W700
11 g Salz
11 g Gerstenmalzmehl
11 g Butter
15 g frische Hefe
300 g Wasser (22 °C)

Brezensalz und Kümmel zum Bestreuen

2 einfach & praktisch

ÜBERNACHTGARE

ZUTATEN FÜR 10 STÜCK (2 BLECHE)

520 g Weizenmehl Type W700
11 g Salz
11 g Honig
11 g Butter
12 g frische Hefe
300 g Wasser (22 °C)

Brezensalz und Kümmel zum Bestreuen

ZEITEN & TEMPERATUR

KNETZEIT
3 Minuten langsam,
6 ½ Minuten intensiver

TEIGRUHE NACH DEM KNETEN
20 Minuten + 20 Minuten Zwischengare

TEIGGEWICHT PRO STÜCK
ca. 85 g

GEHZEIT VOR DEM BACKEN
1) ca. 30 Minuten bzw.
2) mind. 12 Stunden

BACKZEIT & TEMPERATUR
ca. 20 Minuten bei 210 °C Heißluft

1 einfach & schnell

ZUBEREITUNG

01 Alle Zutaten wie angegeben kneten, danach mit einem Tuch abdecken und bei Raumtemperatur 20 Minuten rasten lassen.

02 Teigstücke zu ca. 85 g auswiegen, diese auf einer bemehlten Arbeitsfläche rund formen (schleifen) und 20 Minuten zugedeckt bei Raumtemperatur rasten lassen.

03 Die Teigkugeln leicht flach drücken, zu ovalen Teigfladen (ca. 25 cm lang) ausrollen.

04 Diese mit der flachen Hand mit etwas Druck einrollen, mit der anderen Hand die Teigfladen am unteren Ende leicht in die Länge ziehen.

05 Die Stangerln mit beiden Händen noch einmal leicht nachformen und auf ein Backblech legen, mit wenig Wasser besprühen.

06 Zugedeckt bei Raumtemperatur ca. 30 Minuten gehen lassen, den Backofen auf 210 °C Heißluft vorheizen.

07 Die Stangerln kräftig mit Wasser besprühen, Brezensalz und Kümmel darüberstreuen und in den Backofen schieben.

08 Mit viel Dampf goldbraun backen, danach auf einem Küchenrost auskühlen lassen.

2 einfach & praktisch

ZUBEREITUNG

nächste Seite Schritt-für-Schritt-Anleitung

Zubereitungsschritte 1–5 wie links beschrieben

06 Die Stangerln zugedeckt mind. 12 Stunden bzw. über Nacht im Kühlschrank gehen lassen.

07 Nach der Übernachtgare den Backofen auf 210 °C Heißluft vorheizen, die Stangerln aus dem Kühlschrank nehmen, kräftig mit Wasser besprühen, Brezensalz und Kümmel darüberstreuen und in den Backofen schieben.

08 Wie beschrieben backen und auskühlen lassen.

Schritt-für-Schritt

Nach dem Schleifen die Teigkugeln mit der Hand flach drücken.

Danach mit dem Rundholz zu ca. 25 cm langen ovalen Teigfladen ausrollen.

Die Teigfladen von oben beginnend zunächst mit den Fingern einrollen.

Mit der flachen Hand nach unten rollen, mit der anderen Hand den Teig unten anspannen.

Die Stangerln mit beiden Händen leicht nachformen, dann gehen lassen.

Vor dem Backen mit Wasser besprühen, Brezensalz und Kümmel darüberstreuen.

3 Slow Baking

INDIREKTE TEIGFÜHRUNG MIT VORTEIG

ZUTATEN FÜR 10 STÜCK (2 BLECHE)

VORTEIG (POOLISH)

130 g Wasser (22 °C)
1 g frische Hefe
130 g Weizenmehl Type W700
261 g Vorteig (Poolish)

HAUPTTEIG

261 g Vorteig (Poolish)
390 g Weizenmehl Type W700
11 g Salz
10 g Gerstenmalzmehl
11 g Butter
5 g frische Hefe
170 g Wasser (22 °C)

ZEITEN & TEMPERATUR

KNETZEIT
3 Minuten langsam,
6 ½ Minuten intensiver

TEIGRUHE NACH DEM KNETEN
30 Minuten + 30 Minuten Zwischengare

TEIGGEWICHT PRO STÜCK
ca. 85 g

GEHZEIT VOR DEM BACKEN
ca. 60 Minuten

BACKZEIT & TEMPERATUR
20 Minuten bei 210 °C Heißluft

3 Slow Baking

ZUBEREITUNG VORTEIG

01 Mit einem Schneebesen die Hefe komplett im Wasser auflösen, das Mehl dazugeben und noch einmal mit dem Schneebesen verrühren, bis die Masse gut vermengt ist.

02 Mit Frischhaltefolie oder einem Tuch abdecken, 2–3 Stunden bei Raumtemperatur stehen lassen und anschließend für 12–24 Stunden in den Kühlschrank stellen.

ZUBEREITUNG AM BACKTAG

03 Alle Zutaten für den Hauptteig genau einwiegen und den Teig wie angegeben kneten, danach mit einem Tuch abdecken und bei Raumtemperatur 30 Minuten rasten lassen.

04 Den Teig auf eine leicht bemehlte Arbeitsfläche geben und Teigstücke zu ca. 85 g auswiegen, diese rund formen (schleifen) und 30 Minuten zugedeckt bei Raumtemperatur rasten lassen.

05 Die Teigkugeln mit der Hand etwas flach drücken und mithilfe eines Rundholzes zu ovalen Teigfladen (ca. 25 cm lang) ausrollen.

06 Diese mit der flachen Hand mit etwas Druck von oben nach unten einrollen und mit der anderen Hand die Teigfladen am unteren Ende leicht in die Länge ziehen.

07 Nach dem Einrollen die Stangerln mit beiden Händen noch einmal leicht nachformen und auf ein Backblech legen, mit wenig Wasser besprühen und zugedeckt bei Raumtemperatur ca. 60 Minuten gehen lassen, den Backofen auf 210 °C Heißluft vorheizen.

08 Die Stangerln vor dem Backen kräftig mit Wasser besprühen, Brezensalz und Kümmel darüberstreuen und in den Backofen schieben.

09 Mit viel Dampf goldbraun backen, nach dem Backen auf einem Küchenrost auskühlen lassen.

Wusstan Sie?

Die Breze (auch Brezel) ist ein traditionelles Zeichen für Bäckerhandwerk und war von Anfang an das Zunftzeichen der Bäcker. Auch heute ist es noch oft in den Wappen von Bäckerinnungen und auf den Ladenschildern von Bäckereien zu sehen.

Bäckerbreze

nächste Seite
Schritt-für-Schritt-Anleitung

1 *einfach & schnell*

DIREKTE TEIGFÜHRUNG

ZUTATEN FÜR 10 STÜCK (2 BLECHE)

710 g Weizenmehl Type W700
15 g Salz
14 g Gerstenmalzmehl
14 g Butter
21 g frische Hefe
430 g Wasser (22 °C)

Mehl-Salz-Mischung (50 g Mehl, 50 g Salz) zum Eintauchen

2 *einfach & praktisch*

ÜBERNACHTGARE

ZUTATEN FÜR 10 STÜCK (2 BLECHE)

710 g Weizenmehl Type W700
15 g Salz
14 g Honig
14 g Butter
14 g frische Hefe
430 g Wasser (22 °C)

Mehl-Salz-Mischung (50 g Mehl, 50 g Salz) zum Eintauchen

ZEITEN & TEMPERATUR

KNETZEIT
3 Minuten langsam,
6 ½ Minuten intensiver

TEIGRUHE NACH DEM KNETEN
20 Minuten + 20 Minuten Zwischengare

TEIGGEWICHT PRO STÜCK
ca. 120 g

GEHZEIT VOR DEM BACKEN
1) ca. 30 Minuten bzw.
2) mind. 12 Stunden

BACKZEIT & TEMPERATUR
ca. 20 Minuten bei 210 °C Heißluft

1 *einfach & schnell*

ZUBEREITUNG

01 Alle Zutaten wie angegeben kneten, danach zugedeckt 20 Minuten bei Raumtemperatur rasten lassen.

02 Teigstücke zu ca. 120 g auswiegen, diese auf einer leicht bemehlten Arbeitsfläche rund formen (schleifen) und 20 Minuten zugedeckt bei Raumtemperatur rasten lassen.

03 Die Teigkugeln mit der Hand etwas flach drücken und wie auf der nächsten Seite beschrieben zu Brezen formen, mit wenig Wasser besprühen.

04 Die Brezen zugedeckt bei Raumtemperatur ca. 30 Minuten gehen lassen, den Backofen auf 210 °C Heißluft vorheizen.

05 Die Brezen vor dem Backen kräftig mit Wasser besprühen und in den Backofen schieben, mit viel Dampf goldbraun backen.

06 Nach dem Backen die Brezen mit Wasser besprühen, in die Mehl-Salz-Mischung tunken und auf einem Küchenrost auskühlen lassen.

2 *einfach & praktisch*

ZUBEREITUNG

Zubereitungsschritte 1–3 wie links beschrieben

04 Die Brezen zugedeckt mind. 12 Stunden bzw. über Nacht im Kühlschrank gehen lassen.

05 Nach der Übernachtgare den Backofen auf 210 °C Heißluft vorheizen, die Brezen aus dem Kühlschrank nehmen, mit Wasser besprühen und in den Backofen schieben.

06 Mit viel Dampf goldbraun backen.

07 Nach dem Backen die Brezen mit Wasser besprühen, in die Mehl-Salz-Mischung tunken und auf einem Küchenrost auskühlen lassen.

Schritt-für-Schritt

Teigkugeln flach drücken, danach Teig von beiden Seiten zur Mitte hin einschlagen.

Danach von der Mitte ausgehend anfangen zu rollen.

Mit etwas Druck zu etwa 80 cm langen Strängen ausrollen.

Die an den Enden etwas dünneren Teigstränge zu Schlingen formen.

Die dünnen Teigenden noch einmal verdrehen.

Dann die dünnen Enden nach oben auf den dickeren Teigbogen legen.

3 Slow-Baking

INDIREKTE TEIGFÜHRUNG MIT VORTEIG

ZUTATEN FÜR 10 STÜCK (2 BLECHE)

VORTEIG (POOLISH)

180 g Wasser (22 °C)
2 g frische Hefe
180 g Weizenmehl Type W700
362 g Vorteig (Poolish)

HAUPTTEIG

362 g Vorteig (Poolish)
530 g Weizenmehl Type W700
15 g Salz
14 g Gerstenmalzmehl
14 g Butter
5 g frische Hefe
250 g Wasser (22 °C)

Mehl-Salz-Mischung (50 g Mehl, 50 g Salz) zum Eintauchen

ZEITEN & TEMPERATUR

KNETZEIT
3 Minuten langsam,
6 ½ Minuten intensiver

TEIGRUHE NACH DEM KNETEN
30 Minuten + 30 Minuten Zwischengare

TEIGGEWICHT PRO STÜCK
ca. 120 g

GEHZEIT VOR DEM BACKEN
ca. 60 Minuten

BACKZEIT & TEMPERATUR
ca. 20 Minuten bei 210 °C Heißluft

3 Slow Baking

ZUBEREITUNG VORTEIG

01 Mit einem Schneebesen die Hefe komplett im Wasser auflösen, das Mehl dazugeben und noch einmal mit dem Schneebesen verrühren, bis die Masse gut vermengt ist.

02 Mit Frischhaltefolie oder einem Tuch abdecken, 2–3 Stunden bei Raumtemperatur stehen lassen und anschließend für 12–24 Stunden in den Kühlschrank stellen.

ZUBEREITUNG AM BACKTAG

03 Alle Zutaten für den Hauptteig genau mit einer Küchenwaage einwiegen und den Teig wie angegeben kneten, danach mit einem Tuch abdecken und bei Raumtemperatur 30 Minuten rasten lassen.

04 Teigstücke zu ca. 120 g auswiegen, diese rund formen (schleifen) und 30 Minuten zugedeckt bei Raumtemperatur rasten lassen.

05 Die Teigkugeln flach drücken, von oben und unten jeweils zur Mitte hin einschlagen und von der Mitte ausgehend mit etwas Druck zu ca. 80 cm langen Teigsträngen ausrollen.

06 Aus den Teigsträngen Brezen formen und auf ein Backblech legen, mit wenig Wasser besprühen.

07 Die Brezen zugedeckt bei Raumtemperatur ca. 60 Minuten gehen lassen.

08 Den Backofen auf 210 °C Heißluft vorheizen, die Brezen vor dem Backen kräftig mit Wasser besprühen und in den Backofen schieben, mit viel Dampf goldbraun backen.

09 Nach dem Backen die Brezen mit Wasser besprühen, in die Mehl-Salz-Mischung tunken und auf einem Küchenrost auskühlen lassen.

Wachauer Laibchen

1 einfach & schnell

DIREKTE TEIGFÜHRUNG

ZUTATEN FÜR 10 STÜCK

420 g Weizenmehl Type W700
80 g Roggenmehl Type R960
10 g Salz
8 g Gerstenmalzmehl
3 g Kümmel (ganz oder gemahlen)
15 g frische Hefe
320 g Wasser (22 °C)

Roggenmehl zum Wälzen

2 einfach & praktisch

ÜBERNACHTGARE

ZUTATEN FÜR 10 STÜCK

420 g Weizenmehl Type W700
80 g Roggenmehl Type R960
10 g Salz
8 g Honig
3 g Kümmel (ganz oder gemahlen)
10 g frische Hefe
320 g Wasser (22 °C)

Roggenmehl zum Wälzen

ZEITEN & TEMPERATUR

KNETZEIT
3 Minuten langsam,
6 ½ Minuten intensiver

TEIGRUHE NACH DEM KNETEN
20 Minuten

TEIGGEWICHT PRO STÜCK
ca. 85 g

GEHZEIT VOR DEM BACKEN
1) ca. 30 Minuten bzw.
2) mind. 12 Stunden

BACKZEIT & TEMPERATUR
ca. 18 Minuten bei 210 °C Heißluft

1 einfach & schnell

ZUBEREITUNG

01 Alle Zutaten in eine Rührschüssel geben, den Teig wie angegeben kneten und rasten lassen.

02 Teigstücke zu ca. 85 g auswiegen, diese mit kreisförmigen Bewegungen auf einer rauen Unterlage formen (schleifen), z. B. auf der Rückseite eines Gärkorbes – so entsteht eine rissige Oberfläche (Ausbund) und ein größerer Krustenanteil beim Backen. Optional können die Laibchen auch in der gut mit Roggenmehl bemehlten Hand geformt werden.

03 Den Schluss in Roggenmehl wälzen.

04 Die Laibchen mit dem Schluss nach oben auf ein Backblech setzen, leicht mit Wasser besprühen, zugedeckt 30 Minuten gehen lassen.

05 Den Backofen auf 210 °C Heißluft vorheizen, die Wachauer mit viel Dampf goldbraun backen und nach dem Backen auf einem Küchenrost auskühlen lassen.

2 einfach & praktisch

ZUBEREITUNG

Zubereitungsschritte 1–3 wie links beschrieben

04 Die Laibchen mit dem Schluss nach unten auf ein bemehltes Leinentuch legen, leicht mit Wasser besprühen und mind. 12 Stunden bzw. über Nacht im Kühlschrank gehen lassen.

05 Nach der Übernachtgare den Backofen auf 210 °C Heißluft vorheizen, die Wachauer Laibchen aus dem Kühlschrank nehmen, mit dem Schluss nach oben auf ein Backblech legen, leicht mit Wasser besprühen und in den Backofen schieben.

06 Wie oben beschrieben backen.

nächste Seite Schritt-für-Schritt-Anleitung

Schritt-für-Schritt

Den Teig auf einer bemehlten Arbeitsfläche in Stücke teilen (jeweils ca. 85 g).

Die Teigstücke auf einer rauen Oberfläche schleifen, z. B. auf einem Gärkorb.

Den Schluss der geformten Laibchen in Roggenmehl tauchen.

Mit dem Schluss nach oben auf ein Backblech setzen und zugedeckt gehen lassen.

Wussten Sie?

Die originalen Wachauer Laibchen werden mit Weizenmehl gebacken. Ich habe früher meist dunklere Wachauer (mit einem höheren Anteil Roggenmehl) gebacken. Hier habe ich nur wenig Roggenmehl verwendet. Das Wichtigste bei diesem Gebäck: eine aufgesprungene Kruste, dann sehen die Wachauer perfekt aus.

3 Slow Baking

INDIREKTE TEIGFÜHRUNG MIT VORTEIG

ZUTATEN FÜR 9 STÜCK

VORTEIG (POOLISH)

100 g Wasser (22 °C)
1 g frische Hefe
100 g Weizenmehl Type W700
201 g Vorteig (Poolish)

HAUPTTEIG

201 g Vorteig (Poolish)
320 g Weizenmehl Type W700
80 g Roggenmehl Type R960
10 g Salz
8 g Gerstenmalzmehl
3 g Kümmel (ganz oder gemahlen)
5 g frische Hefe
200 g Wasser (22 °C)

Roggenmehl zum Wälzen

ZEITEN & TEMPERATUR

KNETZEIT
3 Minuten langsam,
6 ½ Minuten intensiver

TEIGRUHE NACH DEM KNETEN
30 Minuten

TEIGGEWICHT PRO STÜCK
ca. 85

GEHZEIT VOR DEM BACKEN
ca. 60 Minuten

BACKZEIT & TEMPERATUR
ca. 18 Minuten bei 210 °C Heißluft

3 Slow Baking

ZUBEREITUNG VORTEIG

01 Mit einem Schneebesen die Hefe komplett im Wasser auflösen, das Mehl dazugeben und noch einmal mit dem Schneebesen verrühren, bis die Masse gut vermengt ist.

02 Mit Frischhaltefolie oder einem Tuch abdecken, 2–3 Stunden bei Raumtemperatur stehen lassen und anschließend für 12–24 Stunden in den Kühlschrank stellen.

ZUBEREITUNG AM BACKTAG

03 Alle Zutaten für den Hauptteig genau einwiegen, in eine Rührschüssel geben und den Teig wie angegeben kneten, danach zugedeckt 30 Minuten rasten lassen.

04 Teigstücke zu ca. 85 g auswiegen, diese mit kreisförmigen Bewegungen auf einer rauen Unterlage formen (schleifen), z. B. auf der Rückseite eines Gärkorbes – so entsteht eine rissige Oberfläche (Ausbund) und ein größerer Krustenanteil beim Backen.

05 Den Schluss noch einmal in Roggenmehl wälzen und mit der Naht nach oben auf ein Backblech setzen.

06 Die Wachauer Laibchen leicht mit Wasser besprühen, mit einem Geschirrtuch abdecken und ca. 60 Minuten bei Raumtemperatur rasten lassen.

07 Den Backofen auf 210 °C Heißluft vorheizen, mit viel Dampf goldbraun backen, danach auf einem Küchenrost auskühlen lassen.

Grahamspitz

1 einfach & schnell

DIREKTE TEIGFÜHRUNG

ZUTATEN FÜR 10 STÜCK

250 g Weizengrahamschrot
250 g Weizenmehl Type W700
10 g Salz
10 g Gerstenmalzmehl
15 g Butter
5 g Brotgewürz (Kümmel, Fenchel, Koriander)
15 g frische Hefe
310 g Wasser (22 °C)

Roggenmehl zum Wälzen
Brezensalz zum Bestreuen

2 einfach & praktisch

ÜBERNACHTGARE

ZUTATEN FÜR 10 STÜCK

250 g Weizengrahamschrot
250 g Weizenmehl Type W700
10 g Salz
10 g Honig
15 g Butter
5 g Brotgewürz (Kümmel, Fenchel, Koriander)
10 g frische Hefe
310 g Wasser (22 °C)

Roggenmehl zum Wälzen
Brezensalz zum Bestreuen

ZEITEN & TEMPERATUR

KNETZEIT
3 Minuten langsam,
6 ½ Minuten intensiver

TEIGRUHE NACH DEM KNETEN
20 Minuten + 20 Minuten Zwischengare

TEIGGEWICHT PRO STÜCK
ca. 85 g

GEHZEIT VOR DEM BACKEN
1) ca. 30 Minuten bzw.
2) mind. 12 Stunden

BACKZEIT & TEMPERATUR
ca. 18 Minuten bei 210 °C Heißluft

1 einfach & schnell

ZUBEREITUNG

01 Alle Zutaten wie angegeben kneten und bei Raumtemperatur zugedeckt rasten lassen.

02 Teigstücke zu ca. 85 g auswiegen, rund formen (schleifen) und erneut rasten lassen.

03 Die Teigkugeln mit der Hand flach drücken und wie auf Seite 64 beschrieben formen, in Roggenmehl wälzen und auf ein Backblech legen, mit wenig Wasser besprühen.

04 Zugedeckt ca. 30 Minuten gehen lassen, den Backofen auf 210 °C Heißluft vorheizen.

05 Teiglinge zwei- bis viermal einschneiden, dann leicht mit Wasser besprühen, mit Brezensalz bestreuen und in den Backofen schieben.

06 Mit viel Dampf goldbraun backen, danach auf einem Küchenrost auskühlen lassen.

2 einfach & praktisch

ZUBEREITUNG

Zubereitungsschritte 1–3 wie links beschrieben

04 Die Teiglinge zugedeckt mindestens 12 Stunden bzw. über Nacht im Kühlschrank gehen lassen (bei max. 8 °C).

05 Nach der Übernachtgare den Backofen auf 210 °C Heißluft vorheizen, die Teiglinge aus dem Kühlschrank nehmen.

06 Mit einem scharfen Messer an der Oberfläche zwei- bis viermal einschneiden, leicht mit Wasser besprühen, Brezensalz darüberstreuen und in den Backofen schieben.

07 Wie oben beschrieben backen und auskühlen lassen.

nächste Seite Schritt-für-Schritt-Anleitung

Schritt-für-Schritt

Die Teigstücke auf einer bemehlten Arbeitsfläche rund schleifen, dann flach drücken.

Mit einem Rundholz zu ovalen, etwa 20 cm langen Teigfladen ausrollen.

Teigfladen von oben nach unten einrollen: zunächst mit den Fingerspitzen, dann mit …

… der flachen Hand, mit der anderen Hand den Teig unten in die Länge ziehen.

Die eingerollten Teiglinge mit beiden Händen nachformen, dann in Roggemehl wälzen.

Nach dem Gehenlassen die Teiglinge zwei- bis viermal schräg einschneiden.

3 Slow Baking

INDIREKTE TEIGFÜHRUNG MIT VORTEIG

ZUTATEN FÜR 10 STÜCK

VORTEIG (POOLISH)

100 g Wasser (22 °C)
1 g frische Hefe
100 g Weizenmehl Type W700
201 g Vorteig (Poolish)

HAUPTTEIG

201 g Vorteig (Poolish)
250 g Weizengrahamschrot
150 g Weizenmehl Type W700
10 g Salz
10 g Gerstenmalzmehl
15 g Butter
5 g Brotgewürz (Kümmel, Fenchel, Koriander)
5 g frische Hefe
210 g Wasser (22 °C)

Roggenmehl zum Wälzen
Brezensalz zum Bestreuen

ZEITEN & TEMPERATUR

KNETZEIT
3 Minuten langsam,
6 ½ Minuten intensiver

TEIGRUHE NACH DEM KNETEN
30 Minuten + 30 Minuten Zwischengare

TEIGGEWICHT PRO STÜCK
ca. 85 g

GEHZEIT VOR DEM BACKEN
ca. 60 Minuten

BACKZEIT & TEMPERATUR
18 Minuten
bei 210 °C Heißluft

3 Slow Baking

ZUBEREITUNG VORTEIG

01 Mit einem Schneebesen die Hefe komplett im Wasser auflösen, das Mehl dazugeben und noch einmal mit dem Schneebesen verrühren, bis die Masse gut vermengt ist.

02 Mit Frischhaltefolie oder einem Tuch abdecken, 2–3 Stunden bei Raumtemperatur stehen lassen und anschließend für 12–24 Stunden in den Kühlschrank stellen.

ZUBEREITUNG AM BACKTAG

03 Alle Zutaten für den Hauptteig genau einwiegen, in eine Rührschüssel geben und den Teig wie angegeben kneten, danach mit einem Tuch abdecken und bei Raumtemperatur 30 Minuten rasten lassen.

04 Den Teig auf eine leicht bemehlte Arbeitsfläche geben und Teigstücke zu ca. 85 g auswiegen, diese rund formen (schleifen) und 30 Minuten zugedeckt bei Raumtemperatur rasten lassen.

05 Die Teigkugeln mit der Hand flach drücken und mithilfe eines Rundholzes zu ca. 20 cm langen Teigfladen ausrollen.

06 Diese mit der flachen Hand mit etwavon oben nach unten einrollen und mit der anderen Hand die Teigfladen am unteren Ende leicht in die Länge ziehen.

07 Nach dem Einrollen die Stangerln mit beiden Händen noch einmal leicht nachformen, in Roggenmehl wälzen und auf ein Backblech legen.

08 Mit wenig Wasser besprühen und zugedeckt bei Raumtemperatur ca. 60 Minuten gehen lassen.

09 Den Backofen auf 210 °C Heißluft vorheizen, die Teiglinge vor dem Backen mit einem scharfen Messer an der Oberfläche zwei- bis viermal einschneiden.

10 Leicht mit Wasser besprühen, mit Brezensalz bestreuen und mit viel Dampf backen.

Bosnastangerln

nächste Seite Schritt-für-Schritt-Anleitung

1 einfach & schnell

DIREKTE TEIGFÜHRUNG

ZUTATEN FÜR 8 STÜCK

500 g Weizenmehl Type W700
11 g Salz
10 g Gerstenmalzmehl
12 g Butter
15 g frische Hefe
280 g Wasser (22 °C)

2 einfach & praktisch

ÜBERNACHTGARE

ZUTATEN FÜR 8 STÜCK

500 g Weizenmehl Type W700
11 g Salz
10 g Honig
12 g Butter
10 g frische Hefe
280 g Wasser (22 °C)

ZEITEN & TEMPERATUR

KNETZEIT
3 Minuten langsam,
6 ½ Minuten intensiver

TEIGRUHE NACH DEM KNETEN
20 Minuten + 20 Minuten Zwischengare

TEIGGEWICHT PRO STÜCK
ca. 100 g

GEHZEIT VOR DEM BACKEN
1) ca. 30 Minuten bzw.
2) mind. 12 Stunden

BACKZEIT & TEMPERATUR
ca. 20 Minuten bei 210 °C Heißluft

1 einfach & schnell

ZUBEREITUNG

01 Alle Zutaten wie angegeben verkneten, danach mit einem Tuch abdecken und bei Raumtemperatur 20 Minuten rasten lassen.

02 Teigstücke zu ca. 100 g auswiegen, diese rund formen (schleifen) und 20 Minuten zugedeckt bei Raumtemperatur rasten lassen.

03 Die Teigkugeln mit der Hand flach drücken und mithilfe eines Rundholzes zu ca. 20 cm langen Teigfladen ausrollen.

04 Diese mit der flachen Hand mit etwas Druck von oben nach unten einrollen und mit der anderen Hand die Teigfladen am unteren Ende leicht in die Länge ziehen.

05 Nach dem Einrollen die Stangerln mit beiden Händen noch einmal leicht nachformen und auf ein Backblech legen, mit etwas Wasser besprühen.

06 Zugedeckt bei Raumtemperatur ca. 30 Minuten gehen lassen.

07 Den Backofen auf 210 °C Heißluft vorheizen, die Teiglinge vor dem Backen leicht mit Wasser besprühen und in den Backofen schieben.

08 Mit viel Dampf goldbraun backen, danach auf einem Küchenrost auskühlen lassen.

2 einfach & praktisch

ZUBEREITUNG

Zubereitungsschritte 1–5 wie links beschrieben

06 Die Teiglinge zugedeckt mindestens 12 Stunden bzw. über Nacht im Kühlschrank gehen lassen (bei max. 8 °C).

07 Nach der Übernachtgare den Backofen auf 210 °C Heißluft vorheizen, die Teiglinge aus dem Kühlschrank nehmen, leicht mit Wasser besprühen und in den Backofen schieben.

08 Wie oben beschrieben backen und auskühlen lassen.

Schritt-für-Schritt

Die rund geformten Teigstücke flach drücken und anschließend zu ovalen Fladen ausrollen.

Den Teigrand oben zunächst mit den Fingerspitzen umbiegen.

Dann mit der Handfläche mit etwas Druck einrollen, dabei den Teig unten anspannen.

Die fertig geformten Teiglinge auf das Backblech legen und gehen lassen.

Wussten Sie?

Unter „Bosna“ versteht man Grillwürste, die mit Zwiebeln und anderen Zutaten in einem weißen Gebäck in Weckerl- oder Stangenform serviert werden. Die Spezialität stammt aus Salzburg. Meine Variante habe ich auf Wunsch vieler Fans entwickelt.

3 Slow Baking

INDIREKTE TEIGFÜHRUNG MIT VORTEIG

ZUTATEN FÜR 8 STÜCK

VORTEIG (POOLISH)

100 g Wasser (22 °C)
1 g frische Hefe
100 g Weizenmehl Type W700
201 g Vorteig (Poolish)

HAUPTTEIG

201 g Vorteig (Poolish)
400 g Weizenmehl Type W700
11 g Salz
10 g Gerstenmalzmehl
12 g Butter
5 g frische Hefe
180 g Wasser (22 °C)

ZEITEN & TEMPERATUR

KNETZEIT
3 Minuten langsam,
6 ½ Minuten intensiver

TEIGRUHE NACH DEM KNETEN
30 Minuten + 30 Minuten Zwischengare

TEIGGEWICHT PRO STÜCK
ca. 100 g

GEHZEIT VOR DEM BACKEN
ca. 60 Minuten

BACKZEIT & TEMPERATUR
ca. 20 Minuten bei 210 °C Heißluft

3 Slow Baking

ZUBEREITUNG VORTEIG

01 Mit einem Schneebesen die Hefe komplett im Wasser auflösen, das Mehl dazugeben und noch einmal mit dem Schneebesen verrühren, bis die Masse gut vermengt ist.

02 Mit Frischhaltefolie oder einem Tuch abdecken, 2–3 Stunden bei Raumtemperatur stehen lassen und anschließend für 12–24 Stunden in den Kühlschrank stellen.

ZUBEREITUNG AM BACKTAG

03 Alle Zutaten für den Hauptteig genau einwiegen, in eine Rührschüssel geben und den Teig wie angegeben kneten, danach mit einem Tuch abdecken und bei Raumtemperatur 30 Minuten rasten lassen.

04 Teigstücke zu ca. 100 g auswiegen, diese auf einer bemehlten Arbeitsfläche rund formen (schleifen) und 30 Minuten zugedeckt bei Raumtemperatur rasten lassen.

05 Die Teigkugeln mit der Hand flach drücken und mithilfe eines Rundholzes zu ca. 20 cm langen Teigfladen ausrollen.

06 Diese wie links beschrieben einrollen, danach die Stangerln mit beiden Händen noch einmal leicht nachformen und auf ein Backblech legen.

07 Mit etwas Wasser besprühen und zugedeckt bei Raumtemperatur ca. 60 Minuten gehen lassen.

08 Den Backofen auf 210 °C Heißluft vorheizen, die Teiglinge vor dem Backen leicht mit Wasser besprühen und in den Backofen schieben.

09 Mit viel Dampf goldbraun backen, nach dem Backen auf einem Küchenrost auskühlen lassen.

Backprofis Panini

1 einfach & schnell

DIREKTE TEIGFÜHRUNG

ZUTATEN FÜR 9 STÜCK

300 g Weizenmehl Type W700
200 g Weizengrieß grob
10 g Salz
10 g Gerstenmalzmehl
20 g Olivenöl
15 g frische Hefe
260 g Wasser (22 °C)

Olivenöl zum Bestreichen

2 einfach & praktisch

ÜBERNACHTGARE

ZUTATEN FÜR 9 STÜCK

300 g Weizenmehl Type W700
200 g Weizengrieß grob
10 g Salz
10 g Honig
20 g Olivenöl
10 g frische Hefe
260 g Wasser (22 °C)

Olivenöl zum Bestreichen

ZEITEN & TEMPERATUR

KNETZEIT
3 Minuten langsam,
6 Minuten intensiver

TEIGRUHE NACH DEM KNETEN
20 Minuten + 20 Minuten Zwischengare

TEIGGEWICHT PRO STÜCK
ca. 90 g

GEHZEIT VOR DEM BACKEN
1) ca. 30 Minuten bzw.
2) mind. 12 Stunden

BACKZEIT & TEMPERATUR
ca. 24 Minuten bei 210 °C Heißluft

1 einfach & schnell

ZUBEREITUNG

01 Alle Zutaten wie angegeben verkneten, zugedeckt bei Raumtemperatur 20 Minuten rasten lassen.

02 Teigstücke zu ca. 90 g auswiegen, diese rund formen (schleifen) und 20 Minuten zugedeckt bei Raumtemperatur rasten lassen.

03 Die Teigkugeln flach drücken und zu ovalen Teigfladen (ca. 20 cm lang) ausrollen.

04 Wie auf der nächsten Seite bei den Anleitungsfotos beschrieben einrollen.

05 Mit beiden Händen noch einmal leicht nachformen, auf ein Backblech legen und mit Wasser besprühen.

06 Die Panini zugedeckt bei Raumtemperatur gehen lassen, den Backofen vorheizen.

07 Die Panini vor dem Backen leicht mit Olivenöl bepinseln und in den Backofen schieben.

08 Mit viel Dampf goldbraun backen, nach dem Backen auf einem Küchenrost auskühlen lassen.

2 einfach & praktisch

ZUBEREITUNG

Zubereitungsschritte 1–5 wie links beschrieben

06 Die Panini zugedeckt mindestens 12 Stunden bzw. über Nacht im Kühlschrank gehen lassen (bei max. 8 °C).

07 Nach der Übernachtgare den Backofen auf 210 °C Heißluft vorheizen, die Panini aus dem Kühlschrank nehmen, leicht mit Olivenöl bepinseln und in den Backofen schieben.

08 Wie oben beschrieben backen und auskühlen lassen.

nächste Seite Schritt-für-Schritt-Anleitung

Schritt-für-Schritt

Teigstücke zunächst rund formen, dann flach drücken und mit einem Rundholz ausrollen.

Die ausgerollten Teigfladen mit beiden Händen in eine schmale, längliche Form bringen.

Teig von oben beginnend einrollen, zunächst mit den Fingerspitzen den Teig umbiegen …

… dann mit der Handfläche einrollen, während die andere Hand den Teig unten strafft.

Die Teiglinge leicht „zusammenstauchen“, auf ein Backblech legen und gehen lassen.

Vor dem Backen mit Olivenöl bestreichen und in den Backofen schieben.

3 *Slow Baking*

INDIREKTE TEIGFÜHRUNG MIT VORTEIG

ZUTATEN FÜR 9 STÜCK

VORTEIG (POOLISH)

100 g Wasser (22 °C)
1 g frische Hefe
100 g Weizenmehl Type W700
201 g Vorteig (Poolish)

HAUPTTEIG

201 g Vorteig (Poolish)
200 g Weizenmehl Type W700
200 g Weizengrieß grob
10 g Salz
10 g Gerstenmalzmehl
20 g Olivenöl
5 g frische Hefe
160 g Wasser (22 °C)

Olivenöl zum Bestreichen

ZEITEN & TEMPERATUR

KNETZEIT
3 Minuten langsam,
6 Minuten intensiver

TEIGRUHE NACH DEM KNETEN
30 Minuten + 30 Minuten Zwischengare

TEIGGEWICHT PRO STÜCK
ca. 90 g

GEHZEIT VOR DEM BACKEN
ca. 60 Minuten

BACKZEIT & TEMPERATUR
ca. 24 Minuten bei 210 °C Heißluft

3 *Slow Baking*

ZUBEREITUNG VORTEIG

01 Mit einem Schneebesen die Hefe komplett im Wasser auflösen, das Mehl dazugeben und noch einmal mit dem Schneebesen verrühren, bis die Masse gut vermengt ist.

02 Mit Frischhaltefolie oder einem Tuch abdecken, 2–3 Stunden bei Raumtemperatur stehen lassen und anschließend für 12–24 Stunden in den Kühlschrank stellen.

ZUBEREITUNG AM BACKTAG

03 Alle Zutaten für den Hauptteig genau einwiegen und den Teig wie angegeben kneten, danach mit einem Tuch abdecken und bei Raumtemperatur 30 Minuten rasten lassen.

04 Den Teig auf eine leicht bemehlte Arbeitsfläche geben und Teigstücke zu ca. 90 g auswiegen, diese rund formen (schleifen) und 30 Minuten zugedeckt bei Raumtemperatur rasten lassen.

05 Die Teigkugeln mit der Hand etwas flach drücken und mithilfe eines Rundholzes zu ovalen Teigfladen (ca. 20 cm lang) ausrollen.

06 Diese mit der flachen Hand mit etwas Druck von oben nach unten einrollen und mit der anderen Hand die Teigfladen am unteren Ende leicht in die Länge ziehen.

07 Nach dem Einrollen die Panini mit beiden Händen noch einmal leicht nachformen und auf ein Backblech legen.

08 Die Panini mit etwas Wasser besprühen und zugedeckt bei Raumtemperatur ca. 60 Minuten gehen lassen.

09 Den Backofen auf 210 °C Heißluft vorheizen, die Panini vor dem Backen leicht mit Olivenöl bepinseln und in den Backofen schieben.

10 Mit viel Dampf goldbraun backen, nach dem Backen auf einem Küchenrost auskühlen lassen.

Schmalzreingerln

1 einfach & schnell

DIREKTE TEIGFÜHRUNG

ZUTATEN FÜR 8 STÜCK

400 g Weizenmehl Type W700
8 g Salz
8 g Gerstenmalzmehl
8 g Feinkristallzucker
25 g Schweineschmalz
12 g frische Hefe
230 g Wasser (22 °C)

Schweineschmalz zum Befetten der Auflaufform

2 einfach & praktisch

ÜBERNACHTGARE

ZUTATEN FÜR 8 STÜCK

400 g Weizenmehl Type W700
8 g Salz
8 g Honig
8 g Feinkristallzucker
25 g Schweineschmalz
9 g frische Hefe
230 g Wasser (22 °C)

Schweineschmalz zum Befetten der Auflaufform

ZEITEN & TEMPERATUR

KNETZEIT
3 Minuten langsam,
6 ½ Minuten intensiver

TEIGRUHE NACH DEM KNETEN
20 Minuten + 20 Minuten Zwischengare

TEIGGEWICHT PRO STÜCK
ca. 85 g

GEHZEIT VOR DEM BACKEN
1) ca. 30 Minuten bzw.
2) mind. 12 Stunden

BACKZEIT & TEMPERATUR
ca. 24 Minuten bei 210 °C Heißluft

1 einfach & schnell

ZUBEREITUNG

01 Alle Zutaten einwiegen, in eine Rührschüssel geben und den Teig wie angegeben kneten, zugedeckt bei Raumtemperatur rasten lassen.

02 Teigstücke zu ca. 85 g auswiegen, diese rund formen (schleifen) und 20 Minuten zugedeckt bei Raumtemperatur rasten lassen.

03 Die Teigkugeln flach drücken, von oben und unten jeweils zur Mitte hin einschlagen und von der Mitte ausgehend mit etwas Druck zu ca. 35 cm langen Teigsträngen ausrollen.

04 Die Teigstränge schneckenförmig einrollen und in die befettete Auflaufform legen, mit Wasser besprühen und mit einem Tuch zudecken.

05 Bei Raumtemperatur 30 Minuten gehen lassen, Backofen auf 210 °C Heißluft vorheizen.

06 Die Reingerln vor dem Backen mit Wasser besprühen und in den Backofen schieben.

07 Mit viel Dampf goldbraun backen, nach dem Backen auf einem Küchenrost auskühlen lassen.

2 einfach & praktisch

ZUBEREITUNG

nächste Seite Schritt-für-Schritt-Anleitung

Zubereitungsschritte 1–4 wie links beschrieben

05 Die Schmalzreingerln mindestens 12 Stunden bzw. über Nacht im Kühlschrank gehen lassen.

06 Nach der Übernachtgare den Backofen auf 210 °C Heißluft vorheizen, die Schmalzreingerln aus dem Kühlschrank nehmen, mit Wasser besprühen und in den Backofen schieben.

07 Wie oben beschrieben backen und auskühlen lassen.

Schritt-für-Schritt

Eine Auflaufform befetten, die rund geformten Teiglinge mit der Hand flach drücken.

Den Teig von oben zur Mitte hin einschlagen und leicht festdrücken.

Dann den Teig von unten ebenfalls zur Mitte klappen und festdrücken.

Von der Mitte ausgehend mit leichtem Druck etwa 35 cm lange Stränge rollen.

Die Teigstränge schneckenförmig zu „Reingerln“ einrollen, ...

... danach in die Auflaufform legen, mit Wasser besprühen und gehen lassen.

3 Slow Baking

INDIREKTE TEIGFÜHRUNG MIT VORTEIG

ZUTATEN FÜR 8 STÜCK

VORTEIG (POOLISH)

100 g Wasser (22 °C)
1 g frische Hefe
100 g Weizenmehl Type W700
201 g Vorteig (Poolish)

HAUPTTEIG

201 g Vorteig (Poolish)
300 g Weizenmehl Type W700
8 g Salz
8 g Gerstenmalzmehl
8 g Feinkristallzucker
25 g Schweineschmalz
5 g frische Hefe
130 g Wasser (22 °C)

Schweineschmalz zum Befetten der Auflaufform

ZEITEN & TEMPERATUR

KNETZEIT
3 Minuten langsam,
6 ½ Minuten intensiver

TEIGRUHE NACH DEM KNETEN
30 Minuten + 30 Minuten Zwischengare

TEIGGEWICHT PRO STÜCK
ca. 85 g

GEHZEIT VOR DEM BACKEN
ca. 60 Minuten

BACKZEIT & TEMPERATUR
24 Minuten bei 210 °C Heißluft

3 Slow Baking

ZUBEREITUNG VORTEIG

01 Mit einem Schneebesen die Hefe komplett im Wasser auflösen, das Mehl dazugeben und noch einmal mit dem Schneebesen verrühren, bis die Masse gut vermengt ist.

02 Mit Frischhaltefolie oder einem Tuch abdecken, 2–3 Stunden bei Raumtemperatur stehen lassen und anschließend für 12–24 Stunden in den Kühlschrank stellen.

ZUBEREITUNG AM BACKTAG

03 Alle Zutaten für den Hauptteig genau einwiegen, in eine Rührschüssel geben und den Teig wie angegeben kneten, danach mit einem Tuch abdecken und bei Raumtemperatur 30 Minuten rasten lassen.

04 Den Teig auf eine leicht bemehlte Arbeitsfläche geben und Teigstücke zu ca. 85 g auswiegen, diese rund formen (schleifen) und 30 Minuten zugedeckt bei Raumtemperatur rasten lassen.

05 Die Teigkugeln mit der Hand flach drücken, von oben und unten jeweils zur Mitte hin einschlagen und von der Mitte ausgehend mit etwas Druck zu ca. 35 cm langen Teigsträngen ausrollen.

06 Die Teigstränge schneckenförmig einrollen und in die befettete Auflaufform legen, mit Wasser besprühen und zugedeckt bei Raumtemperatur ca. 60 Minuten gehen lassen.

07 Den Backofen auf 210 °C Heißluft vorheizen, die Reingerln vor dem Backen mit Wasser besprühen und in den Backofen schieben.

08 Mit viel Dampf goldbraun backen, nach dem Backen auf einem Küchenrost auskühlen lassen.

Fladenbrötchen

nächste Seite Schritt-für-Schritt-Anleitung

1 *einfach & schnell*

DIREKTE TEIGFÜHRUNG

ZUTATEN FÜR 8 STÜCK (2 BLECHE)

500 g Weizenmehl Type W700
10 g Salz
8 g Gerstenmalzmehl
20 g Olivenöl
15 g frische Hefe
280 g Wasser (22 °C)

Olivenöl zum Bestreichen
Brezensalz und Rosmarin zum Bestreuen

2 *einfach & praktisch*

ÜBERNACHTGARE

ZUTATEN FÜR 8 STÜCK (2 BLECHE)

500 g Weizenmehl Type W700
10 g Salz
8 g Honig
20 g Olivenöl
10 g frische Hefe
280 g Wasser (22 °C)

Olivenöl zum Bestreichen
Brezensalz und Rosmarin zum Bestreuen

ZEITEN & TEMPERATUR

KNETZEIT
3 Minuten langsam,
6 ½ Minuten intensiver

TEIGRUHE NACH DEM KNETEN
20 Minuten + 20 Minuten Zwischengare

TEIGGEWICHT PRO STÜCK
ca. 100 g

GEHZEIT VOR DEM BACKEN
1) ca. 30 Minuten bzw.
2) mind. 12 Stunden

BACKZEIT & TEMPERATUR
ca. 22 Minuten bei 210 °C Heißluft

1 *einfach & schnell*

ZUBEREITUNG

01 Alle Zutaten wie angegeben kneten und zugedeckt bei Raumtemperatur rasten lassen.

02 Teigstücke zu ca. 100 g auswiegen, diese rund formen (schleifen) und 20 Minuten zugedeckt rasten lassen.

03 Die Teigkugeln flach drücken, mithilfe eines Rundholzes zu ca. 16 cm langen Teigfladen ausrollen und auf zwei Backbleche setzen, mit einem feinmaschigen Sieb mit Roggenmehl bemehlen.

04 Zugedeckt bei Raumtemperatur ca. 30 Minuten gehen lassen, den Backofen auf 210 °C Heißluft vorheizen.

05 Die Teigfladen mittig leicht mit Olivenöl bepinseln, mit Brezensalz und Rosmarin bestreuen und mit einer Gabel kleine Löcher in den Teig stechen.

06 Die Fladenbrötchen in den Backofen schieben, mit viel Dampf goldbraun backen, danach auf einem Küchenrost auskühlen lassen.

2 *einfach & praktisch*

ZUBEREITUNG

Zubereitungsschritte 1–3 wie links beschrieben

04 Die Teigfladen zugedeckt mindestens 12 Stunden bzw. über Nacht im Kühlschrank gehen lassen (bei max. 8 °C).

05 Nach der Übernachtgare den Backofen vorheizen, die Fladenbrötchen aus dem Kühlschrank nehmen.

06 Wie links ab Zubereitungsschritt 5 beschrieben mit Öl einpinseln und mit Gewürzen bestreuen, danach backen und auskühlen lassen.

Schritt-für-Schritt

Teigstücke auf einer bemehlten Arbeitsfläche rund schleifen.

Teigstücke flach drücken und mit einem Rundholz zu ovalen Fladen ausrollen.

Teigfladen auf ein Backblech legen und mit Roggenmehl bemehlen.

Nach dem Gehen die Teigfladen mit Olivenöl bestreichen.

Anschließend mit Brezensalz und Rosmarin bestreuen.

Mit einer Gabel oder mit einem „Stipproller“ kleine Löcher in den Teig stechen.

Slow Baking

INDIREKTE TEIGFÜHRUNG MIT VORTEIG

ZUTATEN FÜR 8 STÜCK

VORTEIG (POOLISH)

100 g Wasser (22 °C)
1 g frische Hefe
100 g Weizenmehl Type W700
201 g Vorteig (Poolish)

HAUPTTEIG

201 g Vorteig (Poolish)
400 g Weizenmehl Type W700
10 g Salz
8 g Gerstenmalzmehl
20 g Olivenöl
5 g frische Hefe
180 g Wasser (22 °C)

Olivenöl zum Bestreichen
Brezensalz und Rosmarin zum Bestreuen

ZEITEN & TEMPERATUR

KNETZEIT
3 Minuten langsam,
6 ½ Minuten intensiver

TEIGRUHE NACH DEM KNETEN
30 Minuten + 30 Minuten Zwischengare

TEIGGEWICHT PRO STÜCK
ca. 100 g

GEHZEIT VOR DEM BACKEN
ca. 60 Minuten

BACKZEIT & TEMPERATUR
ca. 22 Minuten bei 210 °C Heißluft

Slow Baking

ZUBEREITUNG VORTEIG

01 Mit einem Schneebesen die Hefe komplett im Wasser auflösen, das Mehl dazugeben und noch einmal mit dem Schneebesen verrühren, bis die Masse gut vermengt ist.

02 Mit Frischhaltefolie oder einem Tuch abdecken, 2–3 Stunden bei Raumtemperatur stehen lassen und anschließend für 12–24 Stunden in den Kühlschrank stellen.

ZUBEREITUNG AM BACKTAG

03 Alle Zutaten für den Hauptteig genau einwiegen, in eine Rührschüssel geben und den Teig wie angegeben kneten, danach mit einem Tuch abdecken und bei Raumtemperatur 30 Minuten rasten lassen.

04 Den Teig auf eine leicht bemehlte Arbeitsfläche geben und Teigstücke zu ca. 100 g auswiegen, diese rund formen (schleifen) und 30 Minuten zugedeckt bei Raumtemperatur rasten lassen.

05 Die Teigkugeln mit der Hand flach drücken, mithilfe eines Rundholzes zu ca. 16 cm langen Teigfladen ausrollen und diese auf zwei Backbleche setzen.

06 Die Teigfladen mit einem feinmaschigen Sieb mit Roggenmehl bemehlen und zugedeckt bei Raumtemperatur ca. 60 Minuten gehen lassen.

07 Den Backofen auf 210 °C Heißluft vorheizen, die Teigfladen vor dem Backen mittig leicht mit Olivenöl bepinseln, mit Brezensalz und Rosmarin bestreuen, mit einer Gabel kleine Löcher in den Teig stechen und in den Backofen schieben.

08 Mit viel Dampf goldbraun backen, nach dem Backen auf einem Küchenrost auskühlen lassen.

Käseweckerln

nächste Seite Schritt-für-Schritt-Anleitung

1 einfach & schnell

DIREKTE TEIGFÜHRUNG

ZUTATEN FÜR 11 STÜCK

300 g Weizenmehl Type W700
200 g Roggenmehl Type R960
12 g Salz
10 g Gerstenmalzmehl
10 g Butter
40 g geriebener Käse
15 g frische Hefe
340 g Wasser (22 °C)

geriebener Käse und Brezensalz zum Bestreuen

2 einfach & praktisch

ÜBERNACHTGARE

ZUTATEN FÜR 11 STÜCK

300 g Weizenmehl Type W700
200 g Roggenmehl Type R960
12 g Salz
10 g Honig
10 g Butter
40 g geriebener Käse
10 g frische Hefe
340 g Wasser (22 °C)

geriebener Käse und Brezensalz zum Bestreuen

ZEITEN & TEMPERATUR

KNETZEIT
3 Minuten langsam,
6 Minuten intensiver

TEIGRUHE NACH DEM KNETEN
20 Minuten

TEIGGEWICHT PRO STÜCK
ca. 82 g

GEHZEIT VOR DEM BACKEN
1) ca. 30 Minuten bzw.
2) mind. 12 Stunden

BACKZEIT & TEMPERATUR
ca. 24 Minuten bei 200 °C Heißluft

1 einfach & schnell

ZUBEREITUNG

01 Alle Zutaten wie angegeben kneten, zugedeckt bei Raumtemperatur 20 Minuten rasten lassen.

02 Teigstücke zu ca. 82 g auswiegen, diese rund formen (schleifen), danach mit der flachen Hand ca. 8 cm lange Rollen formen.

03 Die Teigrollen leicht mit Wasser besprühen und im geriebenen Käse wälzen, mit einem Geschirrtuch abdecken und ca. 30 Minuten bei Raumtemperatur rasten lassen.

04 Den Backofen auf 200 °C Heißluft vorheizen, vor dem Backen die Teiglinge mit einem scharfen Messer an der Oberfläche zwei- bis dreimal einschneiden und mit Brezensalz bestreuen.

05 Mit viel Dampf goldbraun backen, danach auf einem Küchenrost auskühlen lassen.

2 einfach & praktisch

ZUBEREITUNG

Zubereitungsschritte 1–2 wie links beschrieben

03 Die Teiglinge leicht mit Wasser besprühen und im geriebenen Käse wälzen, mit einem Geschirrtuch abdecken und mindestens 12 Stunden bzw. über Nacht im Kühlschrank gehen lassen (bei max. 8 °C).

04 Nach der Übernachtgare den Backofen auf 200 °C Heißluft vorheizen, die Teiglinge aus dem Kühlschrank nehmen.

05 Mit einem scharfen Messer an der Oberfläche zwei- bis dreimal einschneiden, mit Brezensalz bestreuen und in den Backofen schieben.

06 Wie links beschrieben backen und auskühlen lassen.

Schritt-für-Schritt

Die Teigstücke auf einer bemehlten Arbeitsfläche rund formen.

Danach die Teigkugeln mit der Hand flach drücken.

Mit der flachen Hand zu dicken Rollen formen.

Die Teigrollen mit Wasser besprühen, danach im geriebenen Käse wälzen.

Die Teiglinge auf ein Backblech legen, zudecken und gehen lassen.

Vor dem Backen mit Salz bestreuen und zwei- bis dreimal einschneiden.

3 Slow Baking

INDIREKTE TEIGFÜHRUNG MIT VORTEIG

ZUTATEN FÜR 11 STÜCK

VORTEIG (POOLISH)

100 g Wasser (22 °C)
1 g frische Hefe
100 g Weizenmehl Type W700
201 g Vorteig (Poolish)

HAUPTTEIG

201 g Vorteig (Poolish)
200 g Weizenmehl Type W700
200 g Roggenmehl Type R960
12 g Salz
10 g Gerstenmalzmehl
10 g Butter
40 g geriebener Käse
5 g frische Hefe
240 g Wasser (22 °C)

geriebener Käse und Brezensalz zum Bestreuen

ZEITEN & TEMPERATUR

KNETZEIT
3 Minuten langsam,
6 Minuten intensiver

TEIGRUHE NACH DEM KNETEN
30 Minuten

TEIGGEWICHT PRO STÜCK
ca. 82 g

GEHZEIT VOR DEM BACKEN
ca. 60 Minuten

BACKZEIT & TEMPERATUR
ca. 24 Minuten bei 200 °C Heißluft

3 Slow Baking

ZUBEREITUNG VORTEIG

01 Mit einem Schneebesen die Hefe komplett im Wasser auflösen, das Mehl dazugeben und noch einmal mit dem Schneebesen verrühren, bis die Masse gut vermengt ist.

02 Mit Frischhaltefolie oder einem Tuch abdecken, 2–3 Stunden bei Raumtemperatur stehen lassen und anschließend für 12–24 Stunden in den Kühlschrank stellen.

ZUBEREITUNG AM BACKTAG

03 Alle Zutaten für den Hauptteig genau einwiegen, in eine Rührschüssel geben und den Teig wie angegeben kneten, danach mit einem Tuch abdecken und bei Raumtemperatur 30 Minuten rasten lassen.

04 Den Teig auf eine leicht bemehlte Arbeitsfläche geben und Teigstücke zu ca. 82 g auswiegen, diese rund formen (schleifen), danach mit der flachen Hand ca. 8 cm lange Rollen formen.

05 Die Teigrollen leicht mit Wasser besprühen und im geriebenen Käse wälzen.

06 Mit einem Geschirrtuch abdecken und ca. 60 Minuten bei Raumtemperatur rasten lassen.

07 Den Backofen auf 200 °C Heißluft vorheizen.

08 Vor dem Backen die Teiglinge mit einem scharfen Messer an der Oberfläche zwei- bis dreimal einschneiden und mit Brezensalz bestreuen.

09 Mit viel Dampf goldbraun backen, nach dem Backen auf einem Küchenrost auskühlen lassen.

Mohnflesserl

nächste Seite Schritt-für-Schritt-Anleitung

1 *einfach & schnell*

DIREKTE TEIGFÜHRUNG

ZUTATEN FÜR 9 STÜCK

500 g Weizenmehl Type W700
11 g Salz
10 g Gerstenmalzmehl
5 g Feinkristallzucker
10 g Butter
15 g frische Hefe
290 g Wasser (22 °C)

Blaumohn und Brezensalz zum Bestreuen

2 *einfach & praktisch*

ÜBERNACHTGARE

ZUTATEN FÜR 9 STÜCK

500 g Weizenmehl Type W700
11 g Salz
10 g Honig
5 g Feinkristallzucker
10 g Butter
10 g frische Hefe
290 g Wasser (22 °C)

Blaumohn und Brezensalz zum Bestreuen

ZEITEN & TEMPERATUR

KNETZEIT
3 Minuten langsam,
6 ½ Minuten intensiver

TEIGRUHE NACH DEM KNETEN
20 Minuten + 20 Minuten Zwischengare

TEIGGEWICHT PRO STÜCK
ca. 90 g

GEHZEIT VOR DEM BACKEN
1) ca. 30 Minuten bzw.
2) mind. 12 Stunden

BACKZEIT & TEMPERATUR
ca. 20 Minuten bei 210 °C Heißluft

1 *einfach & schnell*

ZUBEREITUNG

01 Alle Zutaten wie angegeben kneten, zugedeckt bei Raumtemperatur 20 Minuten rasten lassen.

02 Teigstücke zu ca. 90 g auswiegen, diese rund formen und zugedeckt 20 Minuten rasten lassen.

03 Die Teigkugeln flach drücken, von oben und unten jeweils zur Mitte hin einschlagen und von der Mitte ausgehend mit etwas Druck zu ca. 20 cm langen Teigsträngen ausrollen.

04 Aus den Teigsträngen Mohnflesserln formen (siehe nächste Seite), mit Wasser besprühen, in Mohn tunken und auf ein Backblech legen.

05 Zugedeckt bei Raumtemperatur ca. 30 Minuten gehen lassen.

06 Den Backofen auf 210 °C Heißluft vorheizen, die Teiglinge kräftig mit Wasser besprühen.

07 Brezensalz darüberstreuen und in den Backofen schieben. Mit viel Dampf goldbraun backen, danach auf einem Küchenrost auskühlen lassen.

2 *einfach & praktisch*

ZUBEREITUNG

Zubereitungsschritte 1–4 wie links beschrieben

05 Die Teiglinge zugedeckt mind. 12 Stunden bzw. über Nacht im Kühlschrank gehen lassen.

06 Nach der Übernachtgare den Backofen auf 210 °C Heißluft vorheizen, die Teiglinge aus dem Kühlschrank nehmen.

07 Kräftig mit Wasser besprühen, Brezensalz darüberstreuen und in den Backofen schieben.

08 Wie oben beschrieben backen und auskühlen lassen.

Auch als Video auf meiner Webseite

Schritt-für-Schritt

Die rechte Hälfte des 20 cm langen Teigstrangs zu einer Schlinge formen.

Den verbleibenden Teigstrang durch die Schlinge fädeln.

Die Schlinge unten verdrehen und den losen Teigstrang wieder durchfädeln.

Die Teiglinge mit Wasser besprühen.

Danach in Blaumohn wälzen, auf ein Backblech legen und zugedeckt gehen lassen.

Vor dem Backen noch einmal mit Wasser besprühen und mit Brezensalz bestreuen.

3 Slow Baking

INDIREKTE TEIGFÜHRUNG MIT VORTEIG

ZUTATEN FÜR 9 STÜCK

VORTEIG (POOLISH)

125 g Wasser (22 °C)
1 g frische Hefe
125 g Weizenmehl Type W700
251 g Vorteig (Poolish)

HAUPTTEIG

251 g Vorteig (Poolish)
375 g Weizenmehl Type W700
11 g Salz
10 g Gerstenmalzmehl
5 g Feinkristallzucker
10 g Butter
5 g frische Hefe
165 g Wasser (22 °C)

ZEITEN & TEMPERATUR

KNETZEIT
3 Minuten langsam,
6 ½ Minuten intensiver

TEIGRUHE NACH DEM KNETEN
30 Minuten + 30 Minuten Zwischengare

TEIGGEWICHT PRO STÜCK
ca. 90 g

GEHZEIT VOR DEM BACKEN
ca. 60 Minuten

BACKZEIT & TEMPERATUR
20 Minuten bei 210 °C Heißluft

3 Slow Baking

ZUBEREITUNG VORTEIG

01 Mit einem Schneebesen die Hefe komplett im Wasser auflösen, das Mehl dazugeben und noch einmal mit dem Schneebesen verrühren, bis die Masse gut vermengt ist.

02 Mit Frischhaltefolie oder einem Tuch abdecken, 2–3 Stunden bei Raumtemperatur stehen lassen und anschließend für 12–24 Stunden in den Kühlschrank stellen.

ZUBEREITUNG AM BACKTAG

03 Alle Zutaten für den Hauptteig genau einwiegen, in eine Rührschüssel geben und den Teig wie angegeben kneten, danach mit einem Tuch abdecken und bei Raumtemperatur 30 Minuten rasten lassen.

04 Den Teig auf eine leicht bemehlte Arbeitsfläche geben und Teigstücke zu ca. 90 g auswiegen, diese rund formen (schleifen) und 30 Minuten zugedeckt bei Raumtemperatur rasten lassen.

05 Die Teigkugeln mit der Hand flach drücken, von oben und unten jeweils zur Mitte hin einschlagen und von der Mitte ausgehend mit etwas Druck zu ca. 20 cm langen Teigsträngen ausrollen.

06 Aus den Teigsträngen Mohnflesserln formen, mit Wasser besprühen, in Blaumohn tunken und auf ein Backblech legen.

07 Zugedeckt bei Raumtemperatur ca. 60 Minuten gehen lassen.

08 Den Backofen auf 210 °C Heißluft vorheizen, die Teiglinge vor dem Backen kräftig mit Wasser besprühen, Brezensalz darüberstreuen und in den Backofen schieben.

09 Mit viel Dampf goldbraun backen, nach dem Backen auf einem Küchenrost auskühlen lassen.

Wiener Kipferln

1 einfach & schnell

DIREKTE TEIGFÜHRUNG

ZUTATEN FÜR 10 STÜCK (2 BLECHE)

500 g Weizenmehl Type W700
8 g Salz
5 g Gerstenmalzmehl
30 g Feinkristallzucker
40 g Butter
21 g frische Hefe
140 g Milch (kalt)
140 g Wasser (22 °C)

2 einfach & praktisch

ÜBERNACHTGARE

ZUTATEN FÜR 10 STÜCK (2 BLECHE)

500 g Weizenmehl Type W700
8 g Salz
5 g Honig
30 g Feinkristallzucker
40 g Butter
15 g frische Hefe
140 g Milch (kalt)
140 g Wasser (22 °C)

ZEITEN & TEMPERATUR

KNETZEIT
3 Minuten langsam,
7 Minuten intensiver

TEIGRUHE NACH DEM KNETEN
20 Minuten + 20 Minuten Zwischengare

TEIGGEWICHT PRO STÜCK
ca. 85 g

GEHZEIT VOR DEM BACKEN
1) ca. 30 Minuten bzw.
2) mind. 12 Stunden

BACKZEIT & TEMPERATUR
ca. 16 Minuten bei 210 °C Heißluft

1 einfach & schnell

ZUBEREITUNG

01 Alle Zutaten wie angegeben kneten, zugedeckt bei Raumtemperatur rasten lassen.

02 Teigstücke zu ca. 85 g auswiegen, diese rund formen (schleifen) und 20 Minuten zugedeckt bei Raumtemperatur rasten lassen.

03 Die Teigkugeln wie bei den Anleitungsfotos auf der nächsten Seite beschrieben flach drücken, dünn auswalken und dann einrollen.

04 Nach dem Einrollen zu Kipferln formen, auf ein Backblech legen und mit wenig Wasser besprühen.

05 Zugedeckt bei Raumtemperatur ca. 30 Minuten gehen lassen.

06 Den Backofen auf 210 °C Heißluft vorheizen, die Kipferln vor dem Backen kräftig mit Wasser besprühen und in den Backofen schieben.

07 Mit viel Dampf goldbraun backen, nach dem Backen auf einem Küchenrost auskühlen lassen.

nächste Seite Schritt-für-Schritt-Anleitung

2 einfach & praktisch

ZUBEREITUNG

Zubereitungsschritte 1–4 wie links beschrieben

05 Die Kipferln zugedeckt mindestens 12 Stunden bzw. über Nacht im Kühlschrank gehen lassen (bei max. 8 °C).

06 Nach der Übernachtgare den Backofen auf 210 °C Heißluft vorheizen, die Kipferln aus dem Kühlschrank nehmen, kräftig mit Wasser besprühen und in den Backofen schieben.

07 Wie oben beschrieben backen und auskühlen lassen.

Schritt-für-Schritt

Die rund geformten Teigstücke mit einem Rundholz zu ovalen Teigfladen ausrollen.

Die Teigfladen oben zunächst mit den Fingerspitzen umschlagen.

Während des Einrollens mit der anderen Hand den Teig unten in die Länge ziehen.

Mit der flachen Hand mit leichtem Druck von oben nach unten einrollen.

Die eingerollten Teiglinge zu Kipferln formen und auf einem Backblech gehen lassen.

Nach dem Backen aus dem Ofen nehmen und auf einem Küchenrost auskühlen lassen.

3 Slow Baking

INDIREKTE TEIGFÜHRUNG MIT VORTEIG

ZUTATEN FÜR 10 STÜCK (2 BLECHE)

VORTEIG (POOLISH)

140 g Wasser (22 °C)
2 g frische Hefe
140 g Weizenmehl Type W700
282 g Vorteig (Poolish)

HAUPTTEIG

282 g Vorteig (Poolish)
360 g Weizenmehl Type W700
8 g Salz
5 g Gerstenmalzmehl
30 g Feinkristallzucker
40 g Butter
6 g frische Hefe
140 g Milch (22 °C)

ZEITEN & TEMPERATUR

KNETZEIT
3 Minuten langsam,
7 Minuten intensiver

TEIGRUHE NACH DEM KNETEN
30 Minuten + 30 Minuten Zwischengare

TEIGGEWICHT PRO STÜCK
ca. 85 g

GEHZEIT VOR DEM BACKEN
ca. 60 Minuten

BACKZEIT & TEMPERATUR
16 Minuten bei 210 °C Heißluft

3 Slow Baking

ZUBEREITUNG VORTEIG

01 Mit einem Schneebesen die Hefe komplett im Wasser auflösen, das Mehl dazugeben und noch einmal mit dem Schneebesen verrühren, bis die Masse gut vermengt ist.

02 Mit Frischhaltefolie oder einem Tuch abdecken, 2–3 Stunden bei Raumtemperatur stehen lassen und anschließend für 12–24 Stunden in den Kühlschrank stellen.

ZUBEREITUNG AM BACKTAG

03 Alle Zutaten für den Hauptteig genau einwiegen, in eine Rührschüssel geben und den Teig wie angegeben kneten, danach mit einem Tuch abdecken und bei Raumtemperatur 30 Minuten rasten lassen.

04 Den Teig auf eine leicht bemehlte Arbeitsfläche geben und Teigstücke zu ca. 85 g auswiegen, diese rund formen (schleifen) und 30 Minuten zugedeckt bei Raumtemperatur rasten lassen.

05 Die Teigkugeln mit der Hand flach drücken und mithilfe eines Rundholzes zu ca. 25 cm langen Teigfladen ausrollen.

06 Diese wie links bei den Anleitungsfotos beschrieben mit etwas Druck einrollen.

07 Nach dem Einrollen zu Kipferln formen und auf ein Backblech legen.

08 Mit wenig Wasser besprühen und zugedeckt bei Raumtemperatur ca. 60 Minuten gehen lassen.

09 Den Backofen auf 210 °C Heißluft vorheizen, die Kipferln vor dem Backen kräftig mit Wasser besprühen und in den Backofen schieben.

10 Mit viel Dampf goldbraun backen, nach dem Backen auf einem Küchenrost auskühlen lassen.

Mürbe Mohnstangerln

1 einfach & schnell

DIREKTE TEIGFÜHRUNG

ZUTATEN FÜR 10 STÜCK

240 g Milch (36 °C)
40 g Butter
430 g Weizenmehl Type W700
6 g Salz
4 g Gerstenmalzmehl
40 g Feinkristallzucker
18 g frische Hefe

Blaumohn zum Bestreuen

2 einfach & praktisch

ÜBERNACHTGARE

ZUTATEN FÜR 10 STÜCK

240 g kalte Milch
(aus dem Kühlschrank)
40 g Butter
430 g Weizenmehl Type W700
6 g Salz
4 g Honig
40 g Feinkristallzucker
15 g frische Hefe

Blaumohn zum Bestreuen

ZEITEN & TEMPERATUR

KNETZEIT
3 Minuten langsam,
7 Minuten intensiver

TEIGRUHE NACH DEM KNETEN
20 Minuten + 20 Minuten Zwischengare

TEIGGEWICHT PRO STÜCK
ca. 75 g

GEHZEIT VOR DEM BACKEN
1) ca. 30 Minuten bzw.
2) mind. 12 Stunden

BACKZEIT & TEMPERATUR
ca. 20 Minuten bei 190 °C Heißluft

1 einfach & schnell

ZUBEREITUNG

01 Milch und Butter auf 36 °C erwärmen, alle Teigzutatenwie angegeben verkneten, zugedeckt bei Raumtemperatur 20 Min. rasten lassen.

02 Teigstücke zu ca. 75 g auswiegen, diese rund formen und zugedeckt 20 Min. rasten lassen.

03 Die Teigkugeln flach drücken und zu etwa 18–20 cm langen Teigfladen ausrollen.

04 Diese mit der flachen Hand mit etwas Druck von oben nach unten einrollen, mit der anderen Hand den Teig am unteren Ende in die Länge ziehen (siehe Anleitungsfotos S. 64).

05 Mit Wasser besprühen, Oberseite in Blaumohn tunken und zugedeckt bei Raumtemperatur ca. 30 Minuten gehen lassen.

06 Den Backofen vorheizen, die Teiglinge vor dem Backen kräftig mit Wasser besprühen und in den Backofen schieben.

07 Mit viel Dampf goldbraun backen, nach dem Backen auf einem Küchenrost auskühlen lassen.

2 einfach & praktisch

nächste Seite Schritt-für-Schritt-Anleitung

ZUBEREITUNG

Kalte Milch und Butter mit den übrigen Teigzutaten verkneten und rasten lassen. Zubereitungsschritte 2–4 wie links beschrieben

05 Die Teiglinge mit Wasser besprühen, in Blaumohn tunken und zugedeckt mindestens 12 Stunden bzw. über Nacht im Kühlschrank gehen lassen (bei max. 8 °C).

06 Nach der Übernachtgare den Backofen vorheizen, die Teiglinge aus dem Kühlschrank nehmen, kräftig mit Wasser besprühen.

07 In den Backofen schieben und wie oben beschrieben backen und auskühlen lassen.

Schritt-für-Schritt

Die fertig geformten Stangerln mit Wasser besprühen.

Die Stangerln in Mohn tunken und auf einem Backblech zugedeckt gehen lassen.

Vor dem Backen die Mohnstangerln kräftig mit Wasser besprühen.

Nach dem Backen die Mohnstangerln auf einem Küchenrost auskühlen lassen.

Wussten Sie?

Ab dem Mittelalter war die Qualität und Gebäckvielfalt vor allem der Wiener Bäcker auch in anderen Ländern berühmt. Sie stellten Brot, Semmeln, Wecken und anderes Weißgebäck her, aber auch Kipfel aus Weizenmehl, tellergroße Flecken, Beugel, das „eyerne gebächt“ (ein Vorläufer des Briochegebäcks) und Mürbgebäck.

3 Slow Baking

INDIREKTE TEIGFÜHRUNG MIT VORTEIG

ZUTATEN FÜR 10 STÜCK

VORTEIG (POOLISH)

130 g Milch (ca. 20 °C, Raumtemperatur)
2 g frische Hefe
130 g Weizenmehl Type W700
262 g Vorteig (Poolish)

HAUPTTEIG

262 g Vorteig (Poolish)
110 g Milch (36 °C)
40 g Butter
300 g Weizenmehl Type W700
6 g Salz
4 g Gerstenmalzmehl
40 g Feinkristallzucker
10 g frische Hefe

ZEITEN & TEMPERATUR

KNETZEIT
3 Minuten langsam,
7 Minuten intensiver

TEIGRUHE NACH DEM KNETEN
30 Minuten + 30 Minuten Zwischengare

TEIGGEWICHT PRO STÜCK
ca. 75 g

GEHZEIT VOR DEM BACKEN
ca. 60 Minuten

BACKZEIT & TEMPERATUR
20 Minuten bei 190 °C Heißluft

3 Slow Baking

ZUBEREITUNG VORTEIG

01 Mit einem Schneebesen die Hefe komplett in der Milch auflösen, das Mehl dazugeben und noch einmal mit dem Schneebesen verrühren, bis die Masse gut vermengt ist.

02 Mit Frischhaltefolie oder einem Tuch abdecken, 2–3 Stunden bei Raumtemperatur stehen lassen und anschließend für 12–24 Stunden in den Kühlschrank stellen.

ZUBEREITUNG AM BACKTAG

03 Alle Zutaten für den Hauptteig genau einwiegen, Milch und Butter auf 36 °C erwärmen, alles in eine Rührschüssel geben und den Teig wie angegeben kneten, danach mit einem Tuch abdecken und bei Raumtemperatur 20 Minuten rasten lassen.

04 Den Teig auf eine leicht bemehlte Arbeitsfläche geben und Teigstücke zu ca. 75 g auswiegen, diese rund formen (schleifen) und 20 Minuten zugedeckt bei Raumtemperatur rasten lassen.

05 Die Teigkugeln mit der Hand flach drücken und mithilfe eines Rundholzes zu ca. 18–20 cm langen Teigfladen ausrollen.

06 Diese mit der flachen Hand mit etwas Druck von oben nach unten einrollen.

07 Mit der anderen Hand die Teigfladen am unteren Ende leicht in die Länge ziehen (siehe Anleitungsfotos auf S. 64).

08 Die Teiglinge mit Wasser besprühen, in Blaumohn tunken und zugedeckt bei Raumtemperatur ca. 60 Minuten gehen lassen.

09 Den Backofen vorheizen, die Teiglinge vor dem Backen kräftig mit Wasser besprühen und in den Backofen schieben.

10 Mit viel Dampf goldbraun backen, danach auf einem Küchenrost auskühlen lassen.

Steirerspitz

nächste Seite Schritt-für-Schritt-Anleitung

1 *einfach & schnell*

DIREKTE TEIGFÜHRUNG

ZUTATEN FÜR 11 STÜCK (2 BLECHE)

500 g Weizenmehl Type W700
11 g Salz
11 g Gerstenmalzmehl
10 g Butter
30 g steirisches Kürbiskernöl
100 g steirische Kürbiskerne
15 g frische Hefe
280 g Wasser (22 °C)

geriebener Käse zum Wälzen und Brezensalz zum Bestreuen vor dem Backen

2 *einfach & praktisch*

ÜBERNACHTGARE

ZUTATEN FÜR 11 STÜCK (2 BLECHE)

500 g Weizenmehl Type W700
11 g Salz
11 g Honig
10 g Butter
30 g steirisches Kürbiskernöl
100 g steirische Kürbiskerne
10 g frische Hefe
280 g Wasser (22 °C)

geriebener Käse zum Wälzen und Brezensalz zum Bestreuen vor dem Backen

ZEITEN & TEMPERATUR

KNETZEIT
3 Minuten langsam,
6 ½ Minuten intensiver

TEIGRUHE NACH DEM KNETEN
20 Minuten + 20 Minuten Zwischengare

TEIGGEWICHT PRO STÜCK
ca. 85 g

GEHZEIT VOR DEM BACKEN
1) ca. 30 Minuten bzw.
2) mind. 12 Stunden

BACKZEIT & TEMPERATUR
ca. 23 Minuten bei 210 °C Heißluft

1 *einfach & schnell*

ZUBEREITUNG

01 Alle Zutaten wie angegeben kneten, zugedeckt bei Raumtemperatur 20 Minuten rasten lassen.

02 Teigstücke zu ca. 85 g auswiegen, diese rund formen (schleifen) und 20 Minuten zugedeckt bei Raumtemperatur rasten lassen.

03 Die Teigkugeln flach drücken, wie auf der nächsten Seite beschrieben auswalken, einrollen, nachformen, mit Wasser befeuchten, im geriebenen Käse wälzen und auf zwei mit Backpapier ausgelegte Backbleche legen.

04 Mit wenig Wasser besprühen, zugedeckt bei Raumtemperatur 30 Minuten gehen lassen.

05 Den Backofen vorheizen, die Teiglinge leicht mit Wasser besprühen, mit Brezensalz bestreuen und in den Backofen schieben.

06 Mit viel Dampf goldbraun backen, danach auf einem Küchenrost auskühlen lassen.

2 *einfach & praktisch*

ZUBEREITUNG

Zubereitungsschritte 1–3 wie links beschrieben

04 Die Steirerspitz mit wenig Wasser besprühen, zugedeckt mind. 12 Stunden bzw. über Nacht im Kühlschrank gehen lassen (bei max. 8 °C).

05 Nach der Übernachtgare den Backofen auf 210 °C Heißluft vorheizen, die Teiglinge aus dem Kühlschrank nehmen, leicht mit Wasser besprühen und in den Backofen schieben.

06 Wie oben beschrieben backen und auskühlen lassen.

Schritt-für-Schritt

Die Teigkugeln mit einem Rundholz zu ca. 20 cm langen Teigfladen ausrollen.

Mit der Handfläche mit leichtem Druck einrollen, dabei Teig unten etwas anspannen.

Die Stangerln mit Wasser besprühen.

Danach in geriebenem Käse wälzen …

… und die Käsestangerln auf mit Backpapier ausgelegte Backbleche legen.

Noch einmal leicht mit Wasser besprühen und zugedeckt gehen lassen.

3 Slow Baking

INDIREKTE TEIGFÜHRUNG MIT VORTEIG

ZUTATEN FÜR 11 STÜCK

VORTEIG (POOLISH)

100 g Wasser (22 °C)
1 g frische Hefe
100 g Weizenmehl Type W700
201 g Vorteig (Poolish)

HAUPTTEIG

201 g Vorteig (Poolish)
400 g Weizenmehl Type W700
11 g Salz
11 g Gerstenmalzmehl
10 g Butter
30 g Kürbiskernöl
100 g Kürbiskerne
5 g frische Hefe
180 g Wasser (22 °C)

geriebener Käse zum Wälzen, Brezensalz zum Bestreuen vor dem Backen

ZEITEN & TEMPERATUR

KNETZEIT
3 Minuten langsam,
6 ½ Minuten intensiver

TEIGRUHE NACH DEM KNETEN
30 Minuten + 30 Minuten Zwischengare

TEIGGEWICHT PRO STÜCK
ca. 85 g

GEHZEIT VOR DEM BACKEN
ca. 60 Minuten

BACKZEIT & TEMPERATUR
ca. 23 Minuten bei 210 °C Heißluft

3 Slow Baking

ZUBEREITUNG VORTEIG

01 Mit einem Schneebesen die Hefe komplett im Wasser auflösen, das Mehl dazugeben und noch einmal mit dem Schneebesen verrühren, bis die Masse gut vermengt ist.

02 Mit Frischhaltefolie oder einem Tuch abdecken, 2–3 Stunden bei Raumtemperatur stehen lassen und anschließend für 12–24 Stunden in den Kühlschrank stellen.

ZUBEREITUNG AM BACKTAG

03 Alle Zutaten für den Hauptteig genau einwiegen, in eine Rührschüssel geben und den Teig wie angegeben kneten, danach mit einem Tuch abdecken und bei Raumtemperatur 30 Minuten rasten lassen.

04 Den Teig auf eine leicht bemehlte Arbeitsfläche geben und Teigstücke zu ca. 85 g auswiegen, diese rund formen (schleifen) und 30 Minuten zugedeckt bei Raumtemperatur rasten lassen.

05 Die Teigkugeln mit der Hand flach drücken und mithilfe eines Rundholzes zu ca. 20 cm langen Teigfladen ausrollen.

06 Diese mit der flachen Hand mit etwas Druck von oben nach unten einrollen und mit der anderen Hand die Teigfladen am unteren Ende leicht in die Länge ziehen.

07 Nach dem Einrollen die Stangerln mit beiden Händen noch einmal leicht nachformen, mit Wasser befeuchten, im geriebenen Käse wälzen und auf zwei mit Backpapier ausgelegte Backbleche legen.

08 Mit wenig Wasser besprühen und zugedeckt bei Raumtemperatur ca. 60 Minuten gehen lassen.

09 Den Backofen auf 210 °C Heißluft vorheizen, die Teiglinge vor dem Backen leicht mit Wasser besprühen, mit Brezensalz bestreuen und in den Backofen schieben.

10 Mit viel Dampf goldbraun backen, nach dem Backen auf einem Küchenrost auskühlen lassen.

Joghurt-Anis-Laibchen

1 *einfach & schnell*

DIREKTE TEIGFÜHRUNG

ZUTATEN FÜR 11 STÜCK

300 g Weizenmehl Type W700
200 g Roggenmehl Type R960
10 g Salz
8 g Gerstenmalzmehl
5 g Anis ganz
15 g frische Hefe
420 g Naturjoghurt (Raumtemperatur)

Roggenmehl zum Wälzen
Brezensalz zum Bestreuen

2 *einfach & praktisch*

ÜBERNACHTGARE

ZUTATEN FÜR 11 STÜCK

300 g Weizenmehl Type W700
200 g Roggenmehl Type R960
10 g Salz
8 g Honig
5 g Anis ganz
10 g frische Hefe
420 g Naturjoghurt
(aus dem Kühlschrank)

Roggenmehl zum Wälzen
Brezensalz zum Bestreuen

ZEITEN & TEMPERATUR

KNETZEIT
3 Minuten langsam,
6 Minuten intensiver

TEIGRUHE NACH DEM KNETEN
20 Minuten

TEIGGEWICHT PRO STÜCK
ca. 85 g

GEHZEIT VOR DEM BACKEN
1) ca. 30 Minuten bzw.
2) mind. 12 Stunden

BACKZEIT & TEMPERATUR
ca. 20 Minuten bei 210 °C Heißluft

1 *einfach & schnell*

ZUBEREITUNG

01 Alle Zutaten wie angegeben verkneten, danach mit einem Tuch abdecken und bei Raumtemperatur 20 Minuten rasten lassen.

02 Den Teig auf eine bemehlte Arbeitsfläche geben und Teigstücke zu ca. 85 g auswiegen.

03 Die Teigstücke rund formen (schleifen), mithilfe eines feinen Siebes mit Roggenmehl bestauben, in Roggenmehl wälzen und auf ein Backblech setzen.

04 Leicht mit Wasser besprühen, mit einem Geschirrtuch abdecken und ca. 30 Minuten bei Raumtemperatur rasten lassen.

05 Den Backofen auf 210 °C Heißluft vorheizen, die Teiglinge vor dem Backen mit einem scharfen Teigmesser dreimal der Länge nach und dreimal der Breite nach relativ tief einschneiden, mit Brezensalz bestreuen.

06 In den Backofen schieben, mit viel Dampf goldbraun backen, nach dem Backen auf einem Küchenrost auskühlen lassen.

nächste Seite *Schritt-für-Schritt-Anleitung*

2 *einfach & praktisch*

ZUBEREITUNG

Zubereitungsschritte 1–3 wie links beschrieben

04 Die Teigkugeln leicht mit Wasser besprühen, zugedeckt mind. 12 Stunden bzw. über Nacht im Kühlschrank gehen lassen (bei max. 8 °C).

05 Nach der Übernachtgare den Backofen auf 210 °C Heißluft vorheizen, die Teiglinge aus dem Kühlschrank nehmen.

06 Leicht mit Wasser besprühen, wie links beschrieben einschneiden, mit Salz bestreuen.

07 Wie oben beschrieben in den Backofen schieben, backen und auskühlen lassen.

Schritt-für-Schritt

Die Teigstücke auf einer bemehlten Arbeitsfläche rund formen.

Teigkugeln mit Roggenmehl bestäuben und zusätzlich in Roggenmehl wälzen.

Die aufgegangenen Laibchen an der Oberfläche längs und quer tief einschneiden.

Die Jausenweckerln aus dem Backofen nehmen und auf einem Rost auskühlen lassen.

Ich meine ...

Laibchen sind die einfachste Art, kleine Gebäckstücke zu formen. Dennoch sind sie optisch „wunderbar wandelbar": Einschnitte (quer, längs, würfelig etc.) ergeben verschiedene Muster, die Bestreuung (Salz, Gewürze, Körner und Samen, Käse etc) sorgen für abwechslungsreiche geschmackliche Überraschungen.

3 Slow Baking

INDIREKTE TEIGFÜHRUNG MIT VORTEIG

ZUTATEN FÜR 11 STÜCK

VORTEIG (POOLISH)

100 g Wasser (22 °C)
1 g frische Hefe
100 g Weizenmehl Type W700
201 g Vorteig (Poolish)

HAUPTTEIG

201 g Vorteig (Poolish)
200 g Weizenmehl Type W700
200 g Roggenmehl Type R960
10 g Salz
8 g Gerstenmalzmehl
5 g Anis ganz
5 g frische Hefe
320 g Naturjoghurt (Raumtemperatur)

Roggenmehl zum Wälzen sowie Brezensalz zum Bestreuen

ZEITEN & TEMPERATUR

KNETZEIT
3 Minuten langsam,
6 Minuten intensiver

TEIGRUHE NACH DEM KNETEN
30 Minuten

TEIGGEWICHT PRO STÜCK
ca. 85 g

GEHZEIT VOR DEM BACKEN
ca. 60 Minuten

BACKZEIT & TEMPERATUR
ca. 20 Minuten bei 210 °C Heißluft

3 Slow Baking

ZUBEREITUNG VORTEIG

01 Mit einem Schneebesen die Hefe komplett im Wasser auflösen, das Mehl dazugeben und noch einmal mit dem Schneebesen verrühren, bis die Masse gut vermengt ist.

02 Mit Frischhaltefolie oder einem Tuch abdecken, 2–3 Stunden bei Raumtemperatur stehen lassen und anschließend für 12–24 Stunden in den Kühlschrank stellen.

ZUBEREITUNG AM BACKTAG

03 Alle Zutaten in eine Rührschüssel geben und den Teig wie angegeben kneten, danach mit einem Tuch abdecken und bei Raumtemperatur 30 Minuten rasten lassen.

04 Den Teig auf eine leicht bemehlte Arbeitsfläche geben und Teigstücke zu ca. 85 g auswiegen.

05 Die Teigstücke rund formen (schleifen), mithilfe eines feinen Siebes mit Roggenmehl bestauben, in Roggenmehl wälzen und auf ein Backblech setzen.

06 Leicht mit Wasser besprühen, mit einem Geschirrtuch abdecken und ca. 60 Minuten bei Raumtemperatur rasten lassen.

07 Den Backofen auf 210 °C Heißluft vorheizen, die Teiglinge vor dem Backen mit einem scharfen Teigmesser dreimal der Länge nach und dreimal der Breite nach relativ tief einschneiden, mit Brezensalz bestreuen.

08 Mit viel Dampf goldbraun backen, nach dem Backen auf einem Küchenrost auskühlen lassen.

Käse-Speck-Fladen

1 einfach & schnell

DIREKTE TEIGFÜHRUNG

ZUTATEN FÜR 10 STÜCK (2 BLECHE)

250 g Roggenmehl Type R960
250 g Weizenmehl Type W700
10 g Salz
10 g Gerstenmalzmehl
5 g gemahlener Kümmel
10 g Schweineschmalz
15 g frische Hefe
360 g Wasser (24 °C)

BELAG

300 g Speckwürfel
250 g geriebener Käse

2 einfach & praktisch

ÜBERNACHTGARE

ZUTATEN FÜR 10 STÜCK (2 BLECHE)

250 g Roggenmehl Type R960
250 g Weizenmehl Type W700
10 g Salz
10 g Honig
5 g gemahlener Kümmel
10 g Schweineschmalz
10 g frische Hefe
360 g Wasser (24 °C)

BELAG

300 g Speckwürfel
250 g geriebener Käse

ZEITEN & TEMPERATUR

KNETZEIT
3 Minuten langsam,
6 Minuten intensiver

TEIGRUHE NACH DEM KNETEN
20 Minuten

TEIGGEWICHT PRO STÜCK
ca. 90 g

GEHZEIT VOR DEM BACKEN
1) ca. 30 Minuten bzw.
2) mind. 12 Stunden

BACKZEIT & TEMPERATUR
ca. 23 Minuten bei 200 °C Heißluft

1 einfach & schnell

ZUBEREITUNG

01 Alle Zutaten in eine Rührschüssel geben und den Teig wie angegeben kneten, zugedeckt bei Raumtemperatur 20 Minuten rasten lassen.

02 Den Teig auf eine leicht bemehlte Arbeitsfläche geben und Teigstücke zu ca. 90 g auswiegen, diese rund formen (schleifen), mit der Hand flach drücken und auf zwei Backbleche setzen.

03 Die Fladen zugedeckt bei Raumtemperatur ca. 30 Minuten gehen lassen, den Backofen auf 200 °C Heißluft vorheizen.

04 Die Fladen mit Speckwürfeln und geriebenem Käse bestreuen und in den Backofen schieben.

05 Mit viel Dampf goldbraun backen, nach dem Backen auf einem Küchenrost auskühlen lassen.

2 einfach & praktisch

ZUBEREITUNG

Zubereitungsschritte 1–2 wie links beschrieben

03 Die Fladen zugedeckt mindestens 12 Stunden bzw. über Nacht im Kühlschrank gehen lassen (bei max. 8 °C).

04 Nach der Übernachtgare den Backofen auf 200 °C Heißluft vorheizen.

05 Die Fladen aus dem Kühlschrank nehmen, mit Speckwürfeln und geriebenem Käse bestreuen und in den Backofen schieben.

06 Wie links beschrieben backen und auskühlen lassen.

nächste Seite Schritt-für-Schritt-Anleitung

Schritt-für-Schritt

Den Teig auf einer bemehlten Arbeitsfläche in gleich große Stücke teilen (à ca. 90 g).

Die Teigstücke rund formen (schleifen).

Danach die Teigstücke mit der Hand flach drücken und auf Backblechen gehen lassen.

Vor dem Backen mit Speckwürfeln und geriebenem Käse bestreuen.

Wussten Sie?

Diesen Snack gibt es sehr oft auch in Bäckereien zu kaufen. Der Belag kann natürlich nach persönlichem Geschmack variiert werden, aber ich liebe die Kombination von Speck und Käse. Diese herzhaften Fladen eignen sich bestens als Jause zum Mitnehmen.

3 Slow Baking

INDIREKTE TEIGFÜHRUNG MIT VORTEIG

ZUTATEN FÜR 10 STÜCK (2 BLECHE)

VORTEIG (POOLISH)

100 g Wasser (22 °C)
1 g frische Hefe
100 g Weizenmehl Type W700

201 g Vorteig (Poolish)

HAUPTTEIG

201 g Vorteig (Poolish)
250 g Roggenmehl Type R960
150 g Weizenmehl Type W700
10 g Salz
10 g Gerstenmalzmehl
5 g gemahlener Kümmel
10 g Schweineschmalz
5 g frische Hefe
260 g Wasser (24 °C)

BELAG

300 g Speckwürfel
250 g geriebener Käse

ZEITEN & TEMPERATUR

KNETZEIT
3 Minuten langsam,
6 Minuten intensiver

TEIGRUHE NACH DEM KNETEN
30 Minuten

TEIGGEWICHT PRO STÜCK
ca. 90 g

GEHZEIT VOR DEM BACKEN
ca. 60 Minuten

BACKZEIT & TEMPERATUR
ca. 23 Minuten
bei 200 °C Heißluft

3 Slow Baking

ZUBEREITUNG VORTEIG

01 Mit einem Schneebesen die Hefe komplett im Wasser auflösen, das Mehl dazugeben und noch einmal mit dem Schneebesen verrühren, bis die Masse gut vermengt ist.

02 Mit Frischhaltefolie oder einem Tuch abdecken, 2–3 Stunden bei Raumtemperatur stehen lassen und anschließend für 12–24 Stunden in den Kühlschrank stellen.

ZUBEREITUNG AM BACKTAG

03 Alle Zutaten für den Hauptteig genau einwiegen, in eine Rührschüssel geben und den Teig wie angegeben kneten, danach mit einem Tuch abdecken und bei Raumtemperatur 30 Minuten rasten lassen.

04 Den Teig auf eine leicht bemehlte Arbeitsfläche geben und Teigstücke zu ca. 90 g auswiegen, diese rund formen (schleifen), mit der Hand flach drücken und auf zwei mit Backpapier ausgelegte Backbleche geben.

05 Die Fladen zugedeckt bei Raumtemperatur ca. 60 Minuten gehen lassen, den Backofen auf 200 °C Heißluft vorheizen.

06 Die Fladen mit Speckwürfeln und geriebenem Käse bestreuen und in den Backofen schieben.

07 Mit viel Dampf goldbraun backen, nach dem Backen auf einem Küchenrost auskühlen lassen.

Dinkelbrötchen

1 einfach & schnell

DIREKTE TEIGFÜHRUNG

ZUTATEN FÜR 9 STÜCK

400 g Dinkelmehl Type 700
10 g Salz
10 g Gerstenmalzmehl
8 g Butter
15 g frische Hefe
240 g Wasser (22 °C)

2 einfach & praktisch

ÜBERNACHTGARE

ZUTATEN FÜR 9 STÜCK

400 g Dinkelmehl Type 700
10 g Salz
10 g Honig
8 g Butter
10 g frische Hefe
240 g Wasser (22 °C)

ZEITEN & TEMPERATUR

KNETZEIT
5 Minuten langsam

TEIGRUHE NACH DEM KNETEN
Keine

TEIGGEWICHT PRO STÜCK
ca. 75 g

GEHZEIT VOR DEM BACKEN
1) ca. 30 Minuten bzw.
2) mind. 12 Stunden

BACKZEIT & TEMPERATUR
ca. 16 Minuten bei 210 °C Heißluft

1 einfach & schnell

ZUBEREITUNG

01 Alle Zutaten wie angegeben verkneten.

02 Den Teig sofort auf eine leicht bemehlte Arbeitsfläche geben und Teigstücke zu ca. 75 g auswiegen.

03 Die Teigstücke rund formen (schleifen) und mit Staubmehl* kräftig bemehlen, mit der Hand flach drücken.

04 Die Teigstücke mit einem Rundholz jeweils waagrecht und senkrecht in der Mitte fast durchdrücken, mit dem Kreuzmuster nach unten auf ein mit Staubmehl bemehltes Leinentuch legen.

05 Zugedeckt ca. 30 Minuten bei Raumtemperatur gehen lassen.

06 Den Backofen auf 210 °C Heißluft vorheizen, die Teiglinge vor dem Backen vorsichtig umdrehen, auf ein Backblech legen, mit Wasser besprühen und in den Backofen schieben.

07 Mit viel Dampf goldbraun backen, nach dem Backen auf einem Küchenrost auskühlen lassen.

2 einfach & praktisch

ZUBEREITUNG

Zubereitungsschritte 1–4 wie links beschrieben

05 Die Teiglinge zugedeckt mindestens 12 Stunden bzw. über Nacht im Kühlschrank gehen lassen (bei max. 8 °C).

06 Nach der Übernachtgare den Backofen auf 210 °C Heißluft vorheizen, die Teiglinge aus dem Kühlschrank nehmen, die Teiglinge vor dem Backen vorsichtig umdrehen, auf ein Backblech legen, mit Wasser besprühen und in den Backofen schieben.

07 Wie links beschrieben backen und auskühlen lassen.

* Staubmehl: 50 % Kartoffel- oder Maisstärke und 50 % Roggenmehl Type R960

nächste Seite Schritt-für-Schritt-Anleitung

Schritt-für-Schritt

Die Teigstücke rund formen und mit Staubmehl bemehlen.

Die Teigkugeln mit der Hand flach drücken.

Das Rundholz mittig quer auf die Teigstücke legen und nach unten drücken.

Danach die Teigstücke auch längs mit dem Rundholz fast durchdrücken.

Mit dem Kreuzmuster nach unten auf ein bemehltes Leinentuch legen und zudecken.

Die aufgegangenen Teiglinge umdrehen und auf ein Backblech legen.

3 Slow Baking

INDIREKTE TEIGFÜHRUNG MIT VORTEIG

ZUTATEN FÜR 9 STÜCK

VORTEIG (POOLISH)

100 g Wasser (22 °C)
1 g frische Hefe
100 g Dinkelmehl Type 700
201 g Vorteig (Poolish)

HAUPTTEIG

201 g Vorteig (Poolish)
300 g Dinkelmehl Type 700
10 g Salz
10 g Gerstenmalzmehl
8 g Butter
5 g frische Hefe
140 g Wasser (22 °C)

ZEITEN & TEMPERATUR

KNETZEIT
5 Minuten langsam

TEIGRUHE NACH DEM KNETEN
Keine

TEIGGEWICHT PRO STÜCK
ca. 75 g

GEHZEIT VOR DEM BACKEN
ca. 60 Minuten

BACKZEIT & TEMPERATUR
ca. 16 Minuten bei 210 °C Heißluft

3 Slow Baking

ZUBEREITUNG VORTEIG

01 Mit einem Schneebesen die Hefe komplett im Wasser auflösen, das Mehl dazugeben und noch einmal mit dem Schneebesen verrühren, bis die Masse gut vermengt ist.

02 Mit Frischhaltefolie oder einem Tuch abdecken, 2–3 Stunden bei Raumtemperatur stehen lassen und anschließend für 12–24 Stunden in den Kühlschrank stellen.

ZUBEREITUNG AM BACKTAG

03 Alle Zutaten für den Hauptteig genau mit einer Küchenwaage einwiegen und den Teig wie angegeben kneten.

04 Den Teig sofort auf eine leicht bemehlte Arbeitsfläche geben und Teigstücke zu ca. 75 g auswiegen.

05 Die Teigstücke rund formen und mit Staubmehl* kräftig bemehlen, mit der Hand flach drücken und wie links beschrieben mit dem Rundholz zweimal fast durchdrücken.

06 Mit dem Kreuzmuster nach unten auf ein mit Staubmehl bemehltes Leinentuch legen und zugedeckt bei Raumtemperatur 60 Minuten gehen lassen.

07 Den Backofen auf 210 °C Heißluft vorheizen, die Teiglinge vor dem Backen vorsichtig umdrehen, auf ein Backblech legen.

08 Mit Wasser besprühen und in den Backofen schieben, mit viel Dampf goldbraun backen, nach dem Backen auf einem Küchenrost auskühlen lassen.

* Staubmehl: 50 % Kartoffel- oder Maisstärke und 50 % Roggenmehl Type R960

Kürbiskernweckerln

1 einfach & schnell

DIREKTE TEIGFÜHRUNG

ZUTATEN FÜR 12 STÜCK

300 g Dinkelvollkornmehl
200 g Weizenmehl Type W1600
10 g Salz
10 g Gerstenmalzmehl
10 g Butter
10 g Brotgwürz (Kümmel, Fenchel, Koriander)
100 g geröstete Kürbiskerne
15 g frische Hefe
380 g Wasser (22 °C)

ungeröstete Kürbiskerne zum Wälzen

2 einfach & praktisch

ÜBERNACHTGARE

ZUTATEN FÜR 12 STÜCK

300 g Dinkelvollkornmehl
200 g Weizenmehl Type W1600
10 g Salz
10 g Honig
10 g Butter
10 g Brotgwürz (Kümmel, Fenchel, Koriander)
100 g geröstete Kürbiskerne
10 g frische Hefe
380 g Wasser (22 °C)

ungeröstete Kürbiskerne zum Wälzen

ZEITEN & TEMPERATUR

KNETZEIT
3 Minuten langsam,
5 Minuten intensiver

TEIGRUHE NACH DEM KNETEN
20 Minuten

TEIGGEWICHT PRO STÜCK
ca. 85 g

GEHZEIT VOR DEM BACKEN
1) ca. 30 Minuten bzw.
2) mind. 12 Stunden

BACKZEIT & TEMPERATUR
ca. 22 Minuten bei 210 °C Heißluft

1 einfach & schnell

ZUBEREITUNG

01 Alle Zutaten wie angegeben kneten, danach mit einem Tuch abdecken und bei Raumtemperatur 20 Minuten rasten lassen.

02 Den Teig auf eine leicht bemehlte Arbeitsfläche geben, Teigstücke zu ca. 85 g auswiegen.

03 Die Teigstücke rund formen (schleifen), mit Wasser besprühen, in Kürbiskernen wälzen und auf ein Backblech legen, leicht mit Wasser besprühen.

04 Zugedeckt ca. 30 Minuten bei Raumtemperatur rasten lassen, den Backofen auf 210 °C Heißluft vorheizen.

05 Mit viel Dampf goldbraun backen, danach auf einem Küchenrost auskühlen lassen.

2 einfach & praktisch

ZUBEREITUNG

Zubereitungsschritte 1–3 wie links beschrieben

04 Die Teiglinge mit einem Geschirrtuch abdecken und mindestens 12 Stunden bzw. über Nacht im Kühlschrank gehen lassen (bei max. 8 °C).

05 Nach der Übernachtgare den Backofen auf 210 °C Heißluft vorheizen, die Teiglinge aus dem Kühlschrank nehmen, leicht mit Wasser besprühen und in den Backofen schieben.

06 Wie links beschrieben backen und auskühlen lassen.

nächste Seite Schritt-für-Schritt-Anleitung

Schritt-für-Schritt

Die Teigstücke auf einer leicht bemehlten Arbeitsfläche rund formen (schleifen).

Die runden Teiglinge mit Wasser besprühen.

Danach die Oberfläche in Kürbiskernen wälzen, ...

... dann auf ein Backblech legen und mit Wasser besprühen, zugedeckt gehen lassen.

Ich meine ...

Auch dieser Klassiker ist fast in jeder Bäckerei zu finden – zumindest in der Steiermark. Die gerösteten Kürbiskerne im Teig und die ungerösteten auf der Oberfläche sorgen für den besonderen, intensiven Geschmack. Alternativ kann man anstatt Kürbiskernen auch Sonnenblumenkerne oder Dinkelflocken zum Wälzen verwenden. Auch die Form (ob rund oder länglich) bleibt Ihren Vorlieben überlassen.

3 Slow Baking

INDIREKTE TEIGFÜHRUNG MIT VORTEIG

ZUTATEN FÜR 12 STÜCK

VORTEIG (POOLISH)

100 g Wasser (22 °C)
1 g frische Hefe
100 g Dinkelvollkornmehl
201 g Vorteig (Poolish)

HAUPTTEIG

201 g Vorteig (Poolish)
200 g Dinkelvollkornmehl
200 g Weizenmehl Type W1600
10 g Salz
10 g Gerstenmalzmehl
10 g Butter
10 g Brotgwürz (Kümmel, Fenchel, Koriander)
100 g geröstete Kürbiskerne
5 g frische Hefe
280 g Wasser (22 °C)

ungeröstete Kürbiskerne zum Wälzen

ZEITEN & TEMPERATUR

KNETZEIT
3 Minuten langsam,
5 Minuten intensiver

TEIGRUHE NACH DEM KNETEN
30 Minuten

TEIGGEWICHT PRO STÜCK
ca. 85 g

GEHZEIT VOR DEM BACKEN
ca. 60 Minuten

BACKZEIT & TEMPERATUR
ca. 22 Minuten bei 210 °C Heißluft

3 Slow Baking

ZUBEREITUNG VORTEIG

01 Mit einem Schneebesen die Hefe komplett im Wasser auflösen, das Mehl dazugeben und noch einmal mit dem Schneebesen verrühren, bis die Masse gut vermengt ist.

02 Mit Frischhaltefolie oder einem Tuch abdecken, 2–3 Stunden bei Raumtemperatur stehen lassen und anschließend für 12–24 Stunden in den Kühlschrank stellen.

ZUBEREITUNG AM BACKTAG

03 Alle Zutaten für den Hauptteig genau einwiegen, wie angegeben verkneten, danach mit einem Tuch abdecken und bei Raumtemperatur 30 Minuten rasten lassen.

04 Den Teig auf eine leicht bemehlte Arbeitsfläche geben und Teigstücke zu ca. 85 g auswiegen.

05 Die Teigstücke rund formen (schleifen), mit Wasser besprühen, in Kürbiskernen wälzen und auf ein Backblech legen.

06 Die Teiglinge leicht mit Wasser besprühen, zugedeckt ca. 60 Minuten bei Raumtemperatur rasten lassen, den Backofen auf 210 °C Heißluft vorheizen.

07 Mit viel Dampf goldbraun backen, nach dem Backen auf einem Küchenrost auskühlen lassen.

Dinkel-Mohn-Laibchen

1 einfach & schnell

DIREKTE TEIGFÜHRUNG

ZUTATEN FÜR 12 STÜCK

600 g Dinkelmehl Type 700
12 g Salz
12 g Gerstenmalzmehl
12 g Butter
40 g Blaumohn
15 g frische Hefe
340 g Wasser (22 °C)

Dinkelmehl zum Wälzen

2 einfach & praktisch

ÜBERNACHTGARE

ZUTATEN FÜR 12 STÜCK

600 g Dinkelmehl Type 700
12 g Salz
12 g Honig
12 g Butter
40 g Blaumohn
10 g frische Hefe
340 g Wasser (22 °C)

Dinkelmehl zum Wälzen

ZEITEN & TEMPERATUR

KNETZEIT
5 Minuten langsam

TEIGRUHE NACH DEM KNETEN
keine

TEIGGEWICHT PRO STÜCK
ca. 85 g

GEHZEIT VOR DEM BACKEN
1) ca. 30 Minuten bzw.
2) mind. 12 Stunden

BACKZEIT & TEMPERATUR
ca. 18 Minuten bei 210 °C Heißluft

1 einfach & schnell

ZUBEREITUNG

01 Alle Zutaten in eine Rührschüssel geben und den Teig wie angegeben kneten.

02 Den Teig sofort auf eine leicht bemehlte Arbeitsfläche geben und Teigstücke zu ca. 85 g auswiegen.

03 Die Teigstücke in der mit Dinkelmehl bemehlten Hand rund formen, den Schluss noch einmal in Dinkelmehl wälzen und mit dem Schluss nach oben auf ein Backblech setzen.

04 Die Teigkugeln leicht mit Wasser besprühen, mit einem Geschirrtuch abdecken und ca. 30 Minuten bei Raumtemperatur gehen lassen, den Backofen auf 210 °C Heißluft vorheizen.

05 Mit viel Dampf goldbraun backen, nach dem Backen auf einem Küchenrost auskühlen lassen.

nächste Seite Schritt-für-Schritt-Anleitung

2 einfach & praktisch

ZUBEREITUNG

Zubereitungsschritte 1–3 wie links beschrieben

04 Die Teigkugeln leicht mit Wasser besprühen, mit einem Geschirrtuch abdecken und mindestens 12 Stunden bzw. über Nacht im Kühlschrank gehen lassen (bei max. 8 °C).

05 Nach der Übernachtgare den Backofen auf 210 °C Heißluft vorheizen, die Teiglinge aus dem Kühlschrank nehmen, leicht mit Wasser besprühen und in den Backofen schieben.

06 Wie links beschrieben backen und auskühlen lassen.

Schritt-für-Schritt

Den Teig auf einer leicht bemehlten Arbeitsfläche in gleich große Stücke teilen.

Die Teigstücke in der mit Dinkelmehl bemehlten Hand rund formen.

Den Schluss (die Naht) der geformten Teigkugeln in Dinkelmehl wälzen.

Mit dem Schluss nach oben auf ein Backblech setzen, leicht mit Wasser besprühen.

Ich meine …

Dinkel trifft Mohn. Geschmacklich ein Traum, und wenn die Laibchen schön rustikal aufspringen, sehen sie einfach toll aus und lassen mein Bäckerherz höher schlagen. Am besten nur mit etwas Butter genießen.

3 Slow Baking

INDIREKTE TEIGFÜHRUNG MIT VORTEIG

ZUTATEN FÜR 12 STÜCK

VORTEIG (POOLISH)

120 g Wasser (22 °C)
1 g frische Hefe
120 g Weizenmehl Type W700
241 g Vorteig (Poolish)

HAUPTTEIG

241 g Vorteig (Poolish)
480 g Dinkelmehl Type 700
12 g Salz
12 g Gerstenmalzmehl
12 g Butter
40 g Blaumohn
5 g frische Hefe
220 g Wasser (22 °C)

Dinkelmehl zum Wälzen

ZEITEN & TEMPERATUR

KNETZEIT
5 Minuten langsam

TEIGRUHE NACH DEM KNETEN
keine

TEIGGEWICHT PRO STÜCK
ca. 85 g

GEHZEIT VOR DEM BACKEN
ca. 60

BACKZEIT & TEMPERATUR
ca. 18 Minuten bei 210 °C Heißluft

3 Slow Baking

ZUBEREITUNG VORTEIG

01 Mit einem Schneebesen die Hefe komplett im Wasser auflösen, das Mehl dazugeben und noch einmal mit dem Schneebesen verrühren, bis die Masse gut vermengt ist.

02 Mit Frischhaltefolie oder einem Tuch abdecken, 2–3 Stunden bei Raumtemperatur stehen lassen und anschließend für 12–24 Stunden in den Kühlschrank stellen.

ZUBEREITUNG AM BACKTAG

03 Alle Zutaten für den Hauptteig genau einwiegen, in eine Rührschüssel geben und den Teig wie angegeben kneten.

04 Den Teig sofort auf eine leicht bemehlte Arbeitsfläche geben und Teigstücke zu etwa 85 g auswiegen.

05 Die Teigstücke in der mit Dinkelmehl bemehlten Hand rund formen, den Schluss noch einmal in Dinkelmehl wälzen und mit dem Schluss nach oben auf ein Backblech setzen.

06 Die Teigkugeln leicht mit Wasser besprühen, mit einem Geschirrtuch abdecken und ca. 60 Minuten bei Raumtemperatur gehen lassen, den Backofen auf 210 °C Heißluft vorheizen.

07 Mit viel Dampf goldbraun backen, danach auf einem Küchenrost auskühlen lassen.

Dinkelzeile

nächste Seite Schritt-für-Schritt-Anleitung

1 einfach & schnell

DIREKTE TEIGFÜHRUNG

ZUTATEN FÜR 2 „ZEILEN“

500 g Dinkelmehl Type 700
10 g Salz
10 g Gerstenmalzmehl
10 g Butter
15 g frische Hefe
280 g Wasser (22 °C)

Kürbiskerne, Blaumohn, Sesam, Leinsamen und Sonnenblumenkerne zum Bestreuen

2 einfach & praktisch

ÜBERNACHTGARE

ZUTATEN FÜR 2 „ZEILEN“

500 g Dinkelmehl Type 700
10 g Salz
10 g Honig
10 g Butter
12 g frische Hefe
280 g Wasser (22 °C)

Kürbiskerne, Blaumohn, Sesam, Leinsamen und Sonnenblumenkerne zum Bestreuen

ZEITEN & TEMPERATUR

KNETZEIT
5 Minuten langsam

TEIGRUHE NACH DEM KNETEN
keine

TEIGGEWICHT PRO STÜCK
ca. 80-82 g

GEHZEIT VOR DEM BACKEN
1) ca. 30 Minuten bzw.
2) mind. 12 Stunden

BACKZEIT & TEMPERATUR
28 Minuten bei 200 °C Heißluft

1 einfach & schnell

ZUBEREITUNG

01 Alle Zutaten genau einwiegen, wie angegeben verkneten.

02 Den Teig sofort auf eine leicht bemehlte Arbeitsfläche geben und Teigstücke zu etwa 82 g auswiegen, diese rund formen.

03 Die runden Teigstücke anschließend zu etwa 8–10 cm langen Rollen formen.

04 Die Teigrollen mit Wasser befeuchten und die Oberflächen in den unterschiedlichen Kernen und Saaten wälzen.

05 Jeweils 5 Teigrollen dicht nebeneinander auf ein Backblech legen, ganz leicht mit Wasser besprühen.

06 Zudecken und bei Raumtemperatur ca. 30 Minuten gehen lassen, den Backofen auf 200 °C Heißluft vorheizen.

07 Die Zeilen vor dem Backen gut mit Wasser besprühen und in den Backofen schieben.

08 Mit viel Dampf goldbraun backen, nach dem Backen auf einem Küchenrost auskühlen lassen.

2 einfach & praktisch

ZUBEREITUNG

Zubereitungsschritte 1–5 wie links beschrieben

06 Die Zeilen zudecken und mindestens 12 Stunden bzw. über Nacht im Kühlschrank gehen lassen (bei max. 8 °C).

07 Nach der Übernachtgare den Backofen vorheizen, das Backblech aus dem Kühlschrank nehmen, die Zeilen mit Wasser besprühen und in den Backofen schieben.

08 Wie oben beschrieben backen und auskühlen lassen.

Schritt-für-Schritt

Nach dem Schleifen die runden Teigstücke in etwa 8–10 cm lange Rollen formen.

Dann die Rollen mit Wasser befeuchten und in den verschiedenen Saaten wälzen.

Fünf verschiedene Teigrollen dicht nebeneinander auf das Backblech setzen, gehen lassen.

Nach dem Backen auf einem Küchenrost auskühlen lassen.

Ich meine …

Auch als Partybrote machen diese abwechslungsreichen, in Zeilenform aneinandergereihten Brötchen was her! Durch die unterschiedliche Bestreuung sieht dieses Gebäck nicht nur optisch sehr ansprechend aus, es bietet auch eine dementsprechende Geschmacksvielfalt!

3 Slow Baking

INDIREKTE TEIGFÜHRUNG MIT VORTEIG

ZUTATEN FÜR 2 „ZEILEN“

VORTEIG (POOLISH)

125 g Wasser (22 °C)
1 g frische Hefe
125 g Weizenmehl Type W700
251 g Vorteig (Poolish)

HAUPTTEIG

251 g Vorteig (Poolish)
375 g Dinkelmehl Type 700
10 g Salz
10 g Gerstenmalzmehl
10 g Butter
5 g frische Hefe
155 g Wasser (22 °C)

Kürbiskerne, Blaumohn, Sesam, Leinsamen und Sonnenblumenkerne zum Bestreuen

ZEITEN & TEMPERATUR

KNETZEIT
5 Minuten langsam

TEIGRUHE NACH DEM KNETEN
keine

TEIGGEWICHT PRO STÜCK
ca. 80–82 g

GEHZEIT VOR DEM BACKEN
ca. 60 Minuten

BACKZEIT & TEMPERATUR
28 Minuten bei 200 °C Heißluft

3 Slow Baking

ZUBEREITUNG VORTEIG

01 Mit einem Schneebesen die Hefe komplett im Wasser auflösen, anschließend das Mehl dazugeben und noch einmal mit dem Schneebesen verrühren, bis die Masse gut vermengt ist.

02 Mit Frischhaltefolie oder einem Tuch abdecken, 2–3 Stunden bei Raumtemperatur stehen lassen und anschließend für 12–24 Stunden in den Kühlschrank stellen.

ZUBEREITUNG AM BACKTAG

03 Alle Zutaten für den Hauptteig genau mit einer Küchenwaage einwiegen und den Teig wie angegeben kneten.

04 Den Teig sofort auf eine leicht bemehlte Arbeitsfläche geben und Teigstücke zu ca. 82 g auswiegen, diese rund formen (schleifen).

05 Die runden Teigstücke anschließend zu ca. 8–10 cm langen Rollen formen.

06 Die Teigrollen mit Wasser befeuchten und in den unterschiedlichen Kernen und Saaten wälzen.

07 Jeweils 5 Teigrollen dicht nebeneinander auf ein Backblech legen.

08 Die Zeilen ganz leicht mit Wasser besprühen, zudecken und bei Raumtemperatur ca. 60 Minuten gehen lassen.

09 Den Backofen auf 200 °C Heißluft vorheizen, die Zeilen vor dem Backen gut mit Wasser besprühen und in den Backofen schieben.

10 Mit viel Dampf goldbraun backen, nach dem Backen auf einem Küchenrost auskühlen lassen.

Dinkelvollkornlaibchen mit Karotten

① *einfach & schnell*

DIREKTE TEIGFÜHRUNG

ZUTATEN FÜR 12 STÜCK

500 g Dinkelvollkornmehl
10 g Salz
12 g Gerstenmalzmehl
10 g Butter
5 g Brotgewürz (Kümmel, Fenchel, Koriander)
15 g frische Hefe
320 g Wasser (22 °C)
80 g grob geraspelte Karotten (am Ende des Knetvorganges unterheben)

Sonnenblumenkerne und Kürbiskerne zum Wälzen

② *einfach & praktisch*

ÜBERNACHTGARE

ZUTATEN FÜR 12 STÜCK

500 g Dinkelvollkornmehl
10 g Salz
12 g Honig
10 g Butter
5 g Brotgewürz (Kümmel, Fenchel, Koriander)
10 g frische Hefe
320 g Wasser (22 °C)
80 g grob geraspelte Karotten (am Ende des Knetvorganges unterheben)

Sonnenblumenkerne und Kürbiskerne zum Wälzen

ZEITEN & TEMPERATUR

KNETZEIT
6 Minuten langsam

TEIGRUHE NACH DEM KNETEN
10 Minuten

TEIGGEWICHT PRO STÜCK
ca. 80 g

GEHZEIT VOR DEM BACKEN
1) ca. 30 Minuten bzw.
2) mind. 12 Stunden

BACKZEIT & TEMPERATUR
ca. 22 Minuten bei 210 °C Heißluft

① *einfach & schnell*

ZUBEREITUNG

01 Alle Zutaten außer den Karotten wie angegeben verkneten, zum Schluss die Karotten langsam unterkneten.

02 Den Teig zugedeckt bei Raumtemperatur 10 Minuten rasten lassen, danach auf eine leicht bemehlte Arbeitsfläche geben.

03 Teigstücke zu ca. 80 g auswiegen, diese rund formen, mit Wasser besprühen, in Kürbiskernen oder Sonnenblumenkernen wälzen und auf ein Backblech legen, leicht besprühen.

04 Zugedeckt bei Raumtemperatur 30 Minuten rasten lassen, den Backofen vorheizen, mit viel Dampf goldbraun backen, danach auf einem Küchenrost auskühlen lassen.

② *einfach & praktisch*

ZUBEREITUNG

Zubereitungsschritte 1–3 wie links beschrieben

04 Die Teiglinge zugedeckt mindestens 12 Stunden bzw. über Nacht im Kühlschrank gehen lassen (bei max. 8 °C).

05 Nach der Übernachtgare den Backofen auf 210 °C Heißluft vorheizen, die Teiglinge aus dem Kühlschrank nehmen, leicht mit Wasser besprühen und in den Backofen schieben.

06 Wie oben beschrieben backen und auskühlen lassen.

nächste Seite Schritt-für-Schritt-Anleitung

Schritt-für-Schritt

Den Teig auf einer bemehlten Arbeitsfläche in gleich große Stücke teilen.

Die Teigstücke rund schleifen.

Die Teigkugeln mit Wasser besprühen, in Sonnenblumen- bzw. Kürbiskernen wälzen.

Danach auf ein Backblech legen und gehen lassen.

Ich meine …

Diese Vollkornlaibchen auf Dinkelbasis sind sehr saftig und bleiben lange frisch. Durch die Zugabe von frisch geraspelten Karotten entsteht ein besonderer Geschmack. Die Karotten hierfür aber nicht zu fein raspeln, eher ein bisschen gröber, dann kommen sie nach dem Backen in der Krume besser zur Geltung.

3 Slow Baking

INDIREKTE TEIGFÜHRUNG MIT VORTEIG

ZUTATEN FÜR 12 STÜCK

VORTEIG (POOLISH)

100 g Wasser (22 °C)
1 g frische Hefe
100 g Dinkelvollkornmehl
201 g Vorteig (Poolish)

HAUPTTEIG

201 g Vorteig (Poolish)
400 g Dinkelvollkornmehl
10 g Salz
12 g Gerstenmalzmehl
10 g Butter
5 g Brotgewürz (Kümmel, Fenchel, Koriander)
5 g frische Hefe
220 g Wasser (22 °C)
80 g grob geraspelte Karotten (am Ende des Knetvorganges unterheben)

Sonnenblumenkerne und Kürbiskerne zum Wälzen

ZEITEN & TEMPERATUR

KNETZEIT
6 Minuten langsam

TEIGRUHE NACH DEM KNETEN
10 Minuten

TEIGGEWICHT PRO STÜCK
ca. 80 g

GEHZEIT VOR DEM BACKEN
ca. 60 Minuten

BACKZEIT & TEMPERATUR
ca. 22 Minuten bei 210 °C Heißluft

3 Slow Baking

ZUBEREITUNG VORTEIG

01 Mit einem Schneebesen die Hefe komplett im Wasser auflösen, das Mehl dazugeben und noch einmal mit dem Schneebesen verrühren, bis die Masse gut vermengt ist.

02 Mit Frischhaltefolie oder einem Tuch abdecken, 2–3 Stunden bei Raumtemperatur stehen lassen und anschließend für 12–24 Stunden in den Kühlschrank stellen.

ZUBEREITUNG AM BACKTAG

03 Alle Zutaten außer den Karotten in eine Rührschüssel geben und den Teig wie angegeben kneten, zum Schluss die Karotten unterkneten.

04 Den Teig zugedeckt bei Raumtemperatur 10 Minuten rasten lassen, danach auf eine leicht bemehlte Arbeitsfläche geben.

05 Teigstücke zu ca. 80 g auswiegen, diese rund formen (schleifen), mit Wasser besprühen, in Kürbiskernen oder Sonnenblumenkernen wälzen und auf ein Backblech legen.

06 Die Teiglinge leicht mit Wasser besprühen, zugedeckt ca. 60 Minuten bei Raumtemperatur rasten lassen, den Backofen auf 210 °C Heißluft vorheizen.

07 Mit viel Dampf goldbraun backen, nach dem Backen auf einem Küchenrost auskühlen lassen.

Sonnenblumen-Vollkornweckerln

nächste Seite Schritt-für-Schritt-Anleitung

1 *einfach & schnell*

DIREKTE TEIGFÜHRUNG

ZUTATEN FÜR 12 STÜCK

500 g Dinkelvollkornmehl
10 g Salz
10 g Gerstenmalzmehl
10 g Butter
6 g Fenchelsamen
80 g Sonnenblumenkerne
15 g frische Hefe
340 g Wasser (22 °C)

Sonnenblumenkerne zum Wälzen

2 *einfach & praktisch*

ÜBERNACHTGARE

ZUTATEN FÜR 12 STÜCK

500 g Dinkelvollkornmehl
10 g Salz
10 g Honig
10 g Butter
6 g Fenchelsamen
80 g Sonnenblumenkerne
10 g frische Hefe
340 g Wasser (22 °C)

Sonnenblumenkerne zum Wälzen

ZEITEN & TEMPERATUR

KNETZEIT
6 Minuten langsam

TEIGRUHE NACH DEM KNETEN
10 Minuten

TEIGGEWICHT PRO STÜCK
ca. 80 g

GEHZEIT VOR DEM BACKEN
1) ca. 30 Minuten bzw.
2) mind. 12 Stunden

BACKZEIT & TEMPERATUR
ca. 20 Minuten bei 210 °C Heißluft

1 *einfach & schnell*

ZUBEREITUNG

01 Alle Zutaten in eine Rührschüssel geben und den Teig wie angegeben kneten, danach mit einem Tuch abdecken und bei Raumtemperatur 10 Minuten rasten lassen.

02 Den Teig auf eine leicht bemehlte Arbeitsfläche geben und Teigstücke zu ca. 80 g auswiegen.

03 Die Teigstücke rund formen, anschließend zu ca. 8–10 cm langen Rollen formen.

04 Die Teigrollen mit Wasser besprühen, in Sonnenblumenkernen wälzen und auf ein Backblech legen und leicht mit Wasser besprühen.

05 Zugedeckt ca. 30 Minuten rasten lassen, den Backofen auf 210 °C Heißluft vorheizen.

06 Mit viel Dampf goldbraun backen, danach auf einem Küchenrost auskühlen lassen.

2 *einfach & praktisch*

ZUBEREITUNG

Zubereitungsschritte 1–4 wie links beschrieben

05 Die Teiglinge zugedeckt mindestens 12 Stunden bzw. über Nacht im Kühlschrank gehen lassen (bei max. 8 °C).

06 Nach der Übernachtgare den Backofen auf 210 °C Heißluft vorheizen, die Teiglinge aus dem Kühlschrank nehmen, leicht mit Wasser besprühen und in den Backofen schieben.

07 Wie oben beschrieben backen und auskühlen lassen.

Schritt-für-Schritt

Den Teig nach der Teigruhe auf eine leicht bemehlte Arbeitsfläche geben …

… und in gleich große Stücke (etwa 80 g) teilen.

Die Teigstücke rund formen (schleifen).

Danach mit der flachen Hand etwa 8–10 cm lange Rollen formen.

Die Teigrollen mit Wasser besprühen …

… dann in Sonnenblumenkernen wälzen, auf ein Backblech legen, zugedeckt gehen lassen.

3 *Slow Baking*

INDIREKTE TEIGFÜHRUNG MIT VORTEIG

ZUTATEN FÜR 12 STÜCK

VORTEIG (POOLISH)

100 g Wasser (22 °C)
1 g frische Hefe
100 g Dinkelvollkornmehl
201 g Vorteig (Poolish)

HAUPTTEIG

201 g Vorteig (Poolish)
400 g Dinkelvollkornmehl
10 g Salz
10 g Gerstenmalzmehl
10 g Butter
6 g Fenchelsamen
80 g Sonnenblumenkerne
5 g frische Hefe
240 g Wasser (22 °C)

Sonnenblumenkerne zum Wälzen

ZEITEN & TEMPERATUR

KNETZEIT
6 Minuten langsam

TEIGRUHE NACH DEM KNETEN
30 Minuten

TEIGGEWICHT PRO STÜCK
ca. 80 g

GEHZEIT VOR DEM BACKEN
ca. 60 Minuten

BACKZEIT & TEMPERATUR
ca. 20 Minuten bei 210 °C Heißluft

3 *Slow Baking*

ZUBEREITUNG VORTEIG

01 Mit einem Schneebesen die Hefe komplett im Wasser auflösen, das Mehl dazugeben und noch einmal mit dem Schneebesen verrühren, bis die Masse gut vermengt ist.

02 Mit Frischhaltefolie oder einem Tuch abdecken, 2–3 Stunden bei Raumtemperatur stehen lassen und anschließend für 12–24 Stunden in den Kühlschrank stellen.

ZUBEREITUNG AM BACKTAG

03 Alle Zutaten für den Hauptteig genau einwiegen, in eine Rührschüssel geben und den Teig wie angegeben kneten, danach mit einem Tuch abdecken und bei Raumtemperatur 30 Minuten rasten lassen.

04 Den Teig auf eine leicht bemehlte Arbeitsfläche geben und Teigstücke zu ca. 80 g auswiegen, diese rund formen (schleifen), anschließend zu ca. 8–10 cm langen Rollen formen.

05 Die Teigrollen mit Wasser besprühen, in Sonnenblumenkernen wälzen und auf ein Backblech legen, leicht mit Wasser besprühen.

06 Zugedeckt ca. 60 Minuten bei Raumtemperatur gehen lassen.

07 Den Backofen auf 210 °C Heißluft vorheizen.

08 Mit viel Dampf goldbraun backen, nach dem Backen auf einem Küchenrost auskühlen lassen.

Kornsemmel

nächste Seite
Schritt-für-Schritt-Anleitung

1 einfach & schnell

DIREKTE TEIGFÜHRUNG

ZUTATEN FÜR 9 STÜCK

210 g Dinkelvollkornmehl
200 g Weizenmehl Type W700
8 g Salz
8 g Gerstenmalzmehl
8 g Butter
15 g frische Hefe
260 g Wasser (22 °C)

Sesam zum Bestreuen

2 einfach & praktisch

ÜBERNACHTGARE

ZUTATEN FÜR 9 STÜCK

210 g Dinkelvollkornmehl
200 g Weizenmehl Type W700
8 g Salz
8 g Gerstenmalzmehl
8 g Butter
10 g frische Hefe
260 g Wasser (22 °C)

Sesam zum Bestreuen

ZEITEN & TEMPERATUR

KNETZEIT
3 Minuten langsam,
5 Minuten intensiver

TEIGRUHE NACH DEM KNETEN
15 Minuten + 15 Minuten Zwischengare

TEIGGEWICHT PRO STÜCK
ca. 75 g

GEHZEIT VOR DEM BACKEN
1) ca. 30 Minuten bzw.
2) mind. 12 Stunden

BACKZEIT & TEMPERATUR
ca. 18 Minuten bei 210 °C Heißluft

1 einfach & schnell

ZUBEREITUNG

01 Alle Zutaten wie angegeben kneten, zugedeckt bei Raumtemperatur 15 Min. rasten lassen.

02 Teigstücke zu ca. 75 g auswiegen, diese rund formen und mit Staubmehl* kräftig bemehlen, zudecken und 15 Minuten bei Raumtemperatur rasten lassen.

03 Danach mit der Hand flach drücken, wie auf Seite 40 und auf der nächsten Seite gezeigt einschlagen und zu Semmeln formen, mit Wasser besprühen und in Sesam tunken, mit der Sternform nach unten auf ein mit Staubmehl bemehltes Leinentuch legen.

04 Zugedeckt ca. 30 Minuten bei Raumtemperatur gehen lassen, en Backofen auf 210 °C Heißluft vorheizen.

05 Die Semmeln vor dem Backen vorsichtig umdrehen, auf ein Backblech legen, kräftig mit Wasser besprühen.

06 In den Backofen schieben, mit viel Dampf goldbraun backen, nach dem Backen auf einem Küchenrost auskühlen lassen.

2 einfach & praktisch

ZUBEREITUNG

Zubereitungsschritte 1–3 wie links beschrieben

04 Die Semmeln zugedeckt mind. 12 Stunden bzw. über Nacht im Kühlschrank gehen lassen.

05 Nach der Übernachtgare den Backofen vorheizen, die Semmeln aus dem Kühlschrank nehmen, mit der Sternform nach oben auf ein Backblech legen, mit Wasser besprühen und in den Backofen schieben.

06 Wie beschrieben backen und auskühlen lassen.

* Staubmehl: 50 % Kartoffel- oder Maisstärke und 50 % Roggenmehl Type R960

Schritt-für-Schritt

Linken Daumen auf flach gedrückten Teig legen, Teig darüberklappen, festdrücken.

Immer wieder Teig von oben zum Daumen hin zur Mitte klappen.

Jedesmal mit der Handkante den eingeschlagenen Teig fixieren.

Den Teig insgesamt fünfmal auf diese Weise einschlagen und fixieren.

Daumen aus der ersten „Lasche" nehmen und den letzten Teigzipfel hineindrücken.

Semmeln besprühen, in Sesam tunken und mit der Sternform nach unten gehen lassen.

3 Slow Baking

INDIREKTE TEIGFÜHRUNG MIT VORTEIG

ZUTATEN FÜR 9 STÜCK

VORTEIG (POOLISH)

100 g Wasser (22 °C)
1 g frische Hefe
100 g Weizenmehl Type W700
201 g Vorteig (Poolish)

HAUPTTEIG

201 g Vorteig (Poolish)
210 g Dinkelvollkornmehl
100 g Weizenmehl Type W700
8 g Salz
8 g Gerstenmalzmehl
8 g Butter
4 g frische Hefe
160 g Wasser (22 °C)

ZEITEN & TEMPERATUR

KNETZEIT
3 Minuten langsam,
5 Minuten intensiver

TEIGRUHE NACH DEM KNETEN
20 Minuten + 20 Minuten Zwischengare

TEIGGEWICHT PRO STÜCK
ca. 75 g

GEHZEIT VOR DEM BACKEN
ca. 60 Minuten

BACKZEIT & TEMPERATUR
18 Minuten bei 210 °C Heißluft

3 Slow Baking

ZUBEREITUNG VORTEIG

01 Mit einem Schneebesen die Hefe komplett im Wasser auflösen, das Mehl dazugeben und noch einmal mit dem Schneebesen verrühren, bis die Masse gut vermengt ist.

02 Mit Frischhaltefolie oder einem Tuch abdecken, 2–3 Stunden bei Raumtemperatur stehen lassen und anschließend für 12–24 Stunden in den Kühlschrank stellen.

ZUBEREITUNG AM BACKTAG

03 Alle Zutaten für den Hauptteig genau mit einer Küchenwaage einwiegen und den Teig wie angegeben kneten, danach mit einem Tuch abdecken und bei Raumtemperatur 20 Minuten rasten lassen.

04 Den Teig auf eine leicht bemehlte Arbeitsfläche geben und Teigstücke zu ca. 75 g auswiegen, diese rund formen (schleifen) und mit Staubmehl* kräftig bemehlen.

05 Die Teigkugeln mit einem Geschirrtuch abdecken und 20 Minuten bei Raumtemperatur rasten lassen.

06 Danach mit der Hand flach drücken, wie links gezeigt einschlagen und zu Semmeln formen, mit Wasser besprühen und in Sesam tunken.

07 Mit der Sternform nach unten auf ein mit Staubmehl bemehltes Leinentuch legen und zugedeckt ca. 60 Minuten bei Raumtemperatur gehen lassen.

08 Den Backofen vorheizen, die Semmeln vor dem Backen vorsichtig umdrehen, auf ein Backblech legen, kräftig mit Wasser besprühen und in den Backofen schieben.

09 Mit viel Dampf goldbraun backen, nach dem Backen auf einem Küchenrost auskühlen lassen.

* Staubmehl: 50 % Kartoffel- oder Maisstärke und 50 % Roggenmehl Type R960

Topfen-Kornstangerln

nächste Seite Schnitt-für-Schnitt-Anleitung

zuallererst!

QUELLSTÜCK

20 g Sesam
25 g Leinsamen
25 g Sonnenblumenkerne
12 g Blaumohn
80 g heißes Wasser
162 g Quellstück

1 einfach & schnell

DIREKTE TEIGFÜHRUNG

ZUTATEN FÜR 10 STÜCK

162 g Quellstück
300 g Weizenmehl Type W700
100 g Roggenmehl Type R960
10 g Salz
10 g Gerstenmalzmehl
5 g Brotgewürz (Kümmel, Fenchel, Koriander)
80 g Topfen 20 % Fett i. Tr.
15 g frische Hefe
180 g Wasser (22 °C)

Sesam und Blaumohn zum Wälzen

2 einfach & praktisch

ÜBERNACHTGARE

ZUTATEN FÜR 10 STÜCK

162 g Quellstück
300 g Weizenmehl Type W700
100 g Roggenmehl Type R960
10 g Salz
10 g Honig
5 g Brotgewürz (Kümmel, Fenchel, Koriander)
80 g Topfen 20 % Fett i. Tr.
10 g frische Hefe
180 g Wasser (22 °C)

Sesam und Blaumohn zum Wälzen

ZEITEN & TEMPERATUR

KNETZEIT
3 Minuten langsam,
6 Minuten intensiver

TEIGRUHE NACH DEM KNETEN
20 Minuten + 20 Minuten Zwischengare

TEIGGEWICHT PRO STÜCK
ca. 85 g

GEHZEIT VOR DEM BACKEN
1) ca. 30 Minuten bzw.
2) mind. 12 Stunden

BACKZEIT & TEMPERATUR
ca. 22 Minuten bei 210 °C Heißluft

1 einfach & schnell

ZUBEREITUNG

Auch als Video auf meiner Webseite

01 Für das Quellstück alle Zutaten genau einwiegen und mindestens 3 Stunden quellen lassen.

02 Das Quellstück mit den restlichen Zutaten vermischen und den Teig wie angegeben kneten, danach mit einem Tuch abdecken und bei Raumtemperatur 20 Minuten rasten lassen.

03 Teigstücke zu ca. 85 g auswiegen, diese rund formen (schleifen) und 20 Minuten zugedeckt bei Raumtemperatur rasten lassen.

04 Die Teigkugeln flach drücken zu ca. 18–20 cm langen Teigfladen auswalken, dann mit der flachen Hand einrollen, mit der anderen Hand die Teigfladen am unteren Ende leicht in die Länge ziehen (Anleitungsfotos siehe S. 64).

05 Nach dem Einrollen mit Wasser besprühen, in Sesam und Blaumohn wälzen und auf ein Backblech legen.

06 Die Teiglinge mit wenig Wasser besprühen und zugedeckt bei Raumtemperatur etwa 30 Minuten gehen lassen.

07 Den Backofen auf 210 °C Heißluft vorheizen, vor dem Backen die Teiglinge mit einem scharfen Messer an der Oberfläche zweimal einschneiden, leicht mit Wasser besprühen und in den Backofen schieben.

08 Mit viel Dampf goldbraun backen, nach dem Backen auf einem Küchenrost auskühlen lassen.

2 *einfach & praktisch*

ZUBEREITUNG

Zubereitungsschritte 1–4 wie auf der vorigen Seite

05 Nach dem Einrollen mit Wasser besprühen, in Sesam und Blaumohn wälzen und auf ein Backblech legen.

06 Die Teiglinge mit wenig Wasser besprühen, mit einem Geschirrtuch abdecken.

07 Mindestens 12 Stunden bzw. über Nacht im Kühlschrank gehen lassen (bei max. 8 °C).

08 Nach der Übernachtgare den Backofen auf 210 °C Heißluft vorheizen, die Stangerln aus dem Kühlschrank nehmen und mit einem scharfen Messer an der Oberfläche zweimal einschneiden.

09 Mit viel Dampf goldbraun backen, nach dem Backen auf einem Küchenrost auskühlen lassen.

---

3 *Slow Baking*

INDIREKTE TEIGFÜHRUNG MIT VORTEIG

VORTEIG (POOLISH)

100 g Wasser (22 °C)
1 g frische Hefe
100 g Weizenmehl Type W700
201 g Vorteig (Poolish)

QUELLSTÜCK

20 g Sesam
25 g Leinsamen
25 g Sonnenblumenkerne
12 g Blaumohn
80 g heißes Wasser
162 g Quellstück

HAUPTTEIG

201 g Vorteig (Poolish)
162 g Quellstück
200 g Weizenmehl Type W700
100 g Roggenmehl Type R960
10 g Salz
10 g Gerstenmalzmehl
5 g Brotgewürz (Kümmel, Fenchel, Koriander)
80 g Topfen 20 % Fett i. Tr.
5 g frische Hefe
80 g Wasser (22 °C)

Sesam und Blaumohn zum Wälzen

Schritt-für-Schritt

weitere Anleitungsfotos auf Seite 64

Die mit Wasser besprühten Stangerln im Sesam-Blaumohn-Gemisch wälzen.

Vor dem Backen die Stangerln zweimal einschneiden und leicht mit Wasser besprühen.

ZEITEN & TEMPERATUR

KNETZEIT
3 Minuten langsam,
6 Minuten intensiver

TEIGRUHE NACH DEM KNETEN
30 Minuten + 30 Minuten Zwischengare

TEIGGEWICHT PRO STÜCK
ca. 85 g

GEHZEIT VOR DEM BACKEN
ca. 60 Minuten

BACKZEIT & TEMPERATUR
ca. 22 Minuten bei 210 °C Heißluft

3 Slow Baking

ZUBEREITUNG VORTEIG

01 Mit einem Schneebesen die Hefe komplett im Wasser auflösen, das Mehl dazugeben und noch einmal mit dem Schneebesen verrühren, bis die Masse gut vermengt ist.

02 Mit Frischhaltefolie oder einem Tuch abdecken, 2–3 Stunden bei Raumtemperatur stehen lassen und anschließend für 12–24 Stunden in den Kühlschrank stellen.

ZUBEREITUNG AM BACKTAG

03 Für das Quellstück alle Zutaten genau einwiegen, in eine Schüssel geben und mindestens 3 Stunden quellen lassen.

04 Für den Hauptteig den Vorteig und das Quellstück mit den restlichen Zutaten vermischen und den Teig wie angegeben kneten, danach mit einem Tuch abdecken und bei Raumtemperatur 30 Minuten rasten lassen.

05 Den Teig auf eine leicht bemehlte Arbeitsfläche geben und Teigstücke zu ca. 85 g auswiegen, diese rund formen (schleifen) und 30 Minuten zugedeckt bei Raumtemperatur rasten lassen.

06 Die Teigkugeln mit der Hand flach drücken und mithilfe eines Rundholzes zu etwa 18–20 cm langen Teigfladen ausrollen.

07 Diese mit der flachen Hand mit etwas Druck von oben nach unten einrollen und mit der anderen Hand die Teigfladen am unteren Ende leicht in die Länge ziehen.

08 Nach dem Einrollen die Teiglinge mit Wasser besprühen, in Sesam und Blaumohn wälzen und auf ein Backblech legen.

09 Mit wenig Wasser besprühen und zugedeckt bei Raumtemperatur ca. 60 Minuten gehen lassen.

10 Den Backofen auf 210 °C Heißluft vorheizen, die Teiglinge vor dem Backen mit einem scharfen Messer an der Oberfläche zweimal einschneiden, leicht mit Wasser besprühen und in den Backofen schieben.

11 Mit viel Dampf goldbraun backen, nach dem Backen auf einem Küchenrost auskühlen lassen.

zuallererst!

QUELLSTÜCK

20 g Sesam
20 g Leinsamen
20 g Kürbiskerne
20 g Sonnenblumenkerne
20 g Dinkelflocken
150 g heißes Wasser
250 g Quellstück

Dinkel-Powerweckerln

nächste Seite Schritt-für-Schritt-Anleitung

1 einfach & schnell

DIREKTE TEIGFÜHRUNG

ZUTATEN FÜR 12 STÜCK

250 g Quellstück
400 g Dinkelvollkornmehl
100 g Roggenmehl Type R960
12 g Salz
12 g Gerstenmalzmehl
10 g Butter
15 g frische Hefe
250 g Wasser (22 °C)

Roggenmehl zum Wälzen

2 einfach & praktisch

ÜBERNACHTGARE

ZUTATEN FÜR 12 STÜCK

250 g Quellstück
400 g Dinkelvollkornmehl
100 g Roggenmehl Type R960
12 g Salz
12 g Honig
10 g Butter
10 g frische Hefe
250 g Wasser (22 °C)

Roggenmehl zum Wälzen

ZEITEN & TEMPERATUR

KNETZEIT
5 Minuten langsam

TEIGRUHE NACH DEM KNETEN
10 Minuten

TEIGGEWICHT PRO STÜCK
ca. 85 g

GEHZEIT VOR DEM BACKEN
1) ca. 30 Minuten bzw.
2) mind. 12 Stunden

BACKZEIT & TEMPERATUR
ca. 20 Minuten bei 210 °C Heißluft

1 einfach & schnell

ZUBEREITUNG

01 Für das Quellstück alle Zutaten genau einwiegen, in eine Rührschüssel geben und mindestens 3 Stunden quellen lassen.

02 Für den Hauptteig das Quellstück mit den restlichen Zutaten vermischen und den Teig wie angegeben kneten, danach mit einem Tuch abdecken und bei Raumtemperatur 10 Minuten rasten lassen.

03 Den Teig auf eine leicht bemehlte Arbeitsfläche geben und Teigstücke zu ca. 85 g auswiegen, diese rund formen (schleifen) und danach zu ca. 8 cm langen Teigrollen formen.

04 Die Teigrollen in Roggenmehl wälzen und auf ein Backblech legen.

05 Mit einem Geschirrtuch abdecken und 30 Minuten bei Raumtemperatur rasten lassen.

06 Den Backofen auf 210 °C Heißluft vorheizen, vor dem Backen die Teiglinge mit einem scharfen Messer an der Oberfläche zweimal einschneiden.

07 Mit viel Dampf goldbraun backen, nach dem Backen auf einem Küchenrost auskühlen lassen.

2 einfach & praktisch

ZUBEREITUNG

Zubereitungsschritte 1–3 wie auf der vorigen Seite

04 Die Teigrollen in Roggenmehl wälzen und auf ein Backblech legen.

05 Die Teiglinge mit einem Geschirrtuch abdecken und mindestens 12 Stunden bzw. über Nacht im Kühlschrank gehen lassen (bei max. 8 °C).

06 Nach der Übernachtgare den Backofen auf 210 °C Heißluft vorheizen, die Teiglinge aus dem Kühlschrank nehmen und mit einem scharfen Messer an der Oberfläche zweimal einschneiden.

07 Mit viel Dampf goldbraun backen, nach dem Backen auf einem Küchenrost auskühlen lassen.

3 Slow Baking

INDIREKTE TEIGFÜHRUNG MIT VORTEIG

ZUTATEN FÜR 12 STÜCK

VORTEIG (POOLISH)

100 g Wasser (22 °C)
1 g frische Hefe
100 g Dinkelvollkornmehl
201 g Vorteig (Poolish)

QUELLSTÜCK

20 g Sesam
20 g Leinsamen
20 g Kürbiskerne
20 g Sonnenblumenkerne
20 g Dinkelflocken
150 g heißes Wasser
250 g Quellstück

HAUPTTEIG

201 g Vorteig (Poolish)
250 g Quellstück
300 g Dinkelvollkornmehl
100 g Roggenmehl Type R960
12 g Salz
12 g Gerstenmalzmehl
10 g Butter
5 g frische Hefe
150 g Wasser (22 °C)

Roggenmehl zum Wälzen

Schritt-für-Schritt

weitere Anleitungsfotos auf Seite 132

Die Teigstücke zunächst rund schleifen, dann zu etwa 8 cm langen Rollen formen.

Die in Roggenmehl gewälzten und aufgegangenen Weckerln schräg einschneiden.

ZEITEN & TEMPERATUR

KNETZEIT
5 Minuten langsam

TEIGRUHE NACH DEM KNETEN
10 Minuten

TEIGGEWICHT PRO STÜCK
ca. 85 g

GEHZEIT VOR DEM BACKEN
ca. 60 Minuten

BACKZEIT & TEMPERATUR
ca. 20 Minuten bei 210 °C Heißluft

3 Slow Baking

ZUBEREITUNG VORTEIG

01 Mit einem Schneebesen die Hefe komplett im Wasser auflösen, das Mehl dazugeben und noch einmal mit dem Schneebesen verrühren, bis die Masse gut vermengt ist.

02 Mit Frischhaltefolie oder einem Tuch abdecken, 2–3 Stunden bei Raumtemperatur stehen lassen und anschließend für 12–24 Stunden in den Kühlschrank stellen.

ZUBEREITUNG AM BACKTAG

03 Für das Quellstück alle Zutaten genau einwiegen, in eine Rührschüssel geben und mind. 3 Stunden quellen lassen.

04 Für den Hauptteig den Vorteig und das Quellstück mit den restlichen Zutaten vermischen und den Teig wie angegeben kneten.

05 Danach mit einem Tuch abdecken und bei Raumtemperatur 10 Minuten rasten lassen.

06 Den Teig auf eine leicht bemehlte Arbeitsfläche geben und Teigstücke zu ca. 85 g auswiegen.

07 Diese rund formen (schleifen) und danach zu ca. 8 cm langen Teigrollen formen (weitere Anleitungsfotos siehe auch S. 132).

08 Die Teigrollen in Roggenmehl wälzen und auf ein Backblech legen.

09 Die Teigkugeln mit einem Geschirrtuch abdecken und 60 Minuten bei Raumtemperatur rasten lassen.

10 Den Backofen auf 210 °C Heißluft vorheizen, vor dem Backen die Teiglinge mit einem scharfen Messer an der Oberfläche zweimal einschneiden.

11 Mit viel Dampf goldbraun backen, nach dem Backen auf einem Küchenrost auskühlen lassen.

zuallererst!

QUELLSTÜCK

40 g Dinkelflocken
40 g Sonnenblumenkerne
80 g heißes Wasser
160 g Quellstück

Dinkelspitz

nächste Seite Schritt-für-Schritt-Anleitung

1 einfach & schnell

DIREKTE TEIGFÜHRUNG

ZUTATEN FÜR 10 STÜCK

160 g Quellstück
200 g Dinkelvollkornmehl
200 g Dinkelmehl Type 700
10 g Salz
10 g Gerstenmalzmehl
10 g Butter
5 g Brotgewürz (Kümmel, Fenchel, Koriander)
15 g frische Hefe
240 g Wasser (22 °C)

Dinkelvollkornmehl zum Wälzen
Brezensalz zum Bestreuen

2 einfach & praktisch

ÜBERNACHTGARE

ZUTATEN FÜR 10 STÜCK

160 g Quellstück
200 g Dinkelvollkornmehl
200 g Dinkelmehl Type 700
10 g Salz
10 g Honig
10 g Butter
5 g Brotgewürz (Kümmel, Fenchel, Koriander)
10 g frische Hefe
220 g Wasser (22 °C)

Dinkelvollkornmehl zum Wälzen
Brezensalz zum Bestreuen

ZEITEN & TEMPERATUR

KNETZEIT
6 Minuten langsam

TEIGRUHE NACH DEM KNETEN
10 Minuten + 10 Minuten Zwischengare

TEIGGEWICHT PRO STÜCK
ca. 85 g

GEHZEIT VOR DEM BACKEN
1) ca. 30 Minuten bzw.
2) mind. 12 Stunden

BACKZEIT & TEMPERATUR
ca. 20 Minuten bei 210 °C Heißluft

1 einfach & schnell

ZUBEREITUNG

01 Für das Quellstück alle Zutaten genau einwiegen, in eine Rührschüssel geben und mind. 3 Stunden quellen lassen.

02 Für den Hauptteig das Quellstück mit den restlichen Zutaten vermischen und den Teig wie angegeben kneten, danach mit einem Tuch abdecken und bei Raumtemperatur 10 Minuten rasten lassen.

03 Teigstücke zu ca. 85 g auswiegen, diese rund formen (schleifen) und 10 Minuten zugedeckt bei Raumtemperatur rasten lassen.

04 Die Teigkugeln flach drücken, zu ca. 18–20 cm langen Teigfladen auswalken.

05 Diese einrollen (siehe Anleitungsfotos auf Seite 64), danach in Dinkelmehl wälzen und auf ein Backblech legen.

06 Zugedeckt bei Raumtemperatur ca. 30 Minuten gehen lassen, den Backofen auf 210 °C Heißluft vorheizen.

07 Die Teiglinge vor dem Backen mit einem scharfen Messer an der Oberfläche zweimal einschneiden, leicht mit Wasser besprühen, mit Brezensalz bestreuen und in den Backofen schieben.

08 Mit viel Dampf goldbraun backen, nach dem Backen auf einem Küchenrost auskühlen lassen.

2 *einfach & praktisch*

ZUBEREITUNG

Zubereitungsschritte 1–4 wie auf der vorigen Seite

05 Die Teigfladen mit der flachen Hand mit etwas Druck von oben nach unten einrollen und mit der anderen Hand die Teigfladen am unteren Ende leicht in die Länge ziehen, danach in Dinkelmehl wälzen, auf ein Backblech legen und mit wenig Wasser besprühen.

06 Die Teiglinge zugedeckt mind.12 Stunden bzw. über Nacht im Kühlschrank lassen.

07 Nach der Übernachtgare den Backofen auf 210 °C Heißluft vorheizen, die Teiglinge aus dem Kühlschrank nehmen und mit einem scharfen Messer an der Oberfläche zweimal einschneiden, leicht mit Wasser besprühen, mit Brezensalz bestreuen und in den Backofen schieben.

08 Mit viel Dampf goldbraun backen, nach dem Backen auf einem Küchenrost auskühlen lassen.

---

3 *Slow Baking*

INDIREKTE TEIGFÜHRUNG MIT VORTEIG

ZUTATEN FÜR 10 STÜCK

VORTEIG (POOLISH)

100 g Wasser (22 °C)
1 g frische Hefe
100 g Dinkelmehl Type 700
201 g Vorteig (Poolish)

QUELLSTÜCK

40 g Dinkelflocken
40 g Sonnenblumenkerne
80 g heißes Wasser
160 g Quellstück

HAUPTTEIG

201 g Vorteig (Poolish)
160 g Quellstück
200 g Dinkelvollkornmehl
100 g Dinkelmehl Type 700
10 g Salz
10 g Gerstenmalzmehl
10 g Butter
5 g Brotgewürz (Kümmel, Fenchel, Koriander)
5 g frische Hefe
140 g Wasser (22 °C)

Dinkelvollkornmehl zum Wälzen
Brezensalz zum Bestreuen

Schritt-für-Schritt

weitere Anleitungsfotos auf Seite 64

Die fertig geformten Stangerln in Dinkelmehl wälzen und auf ein Backblech legen.

Vor dem Backen mit einem scharfen Messer zweimal schräg einschneiden.

ZEITEN & TEMPERATUR

KNETZEIT:
6 Minuten langsam

TEIGRUHE NACH DEM KNETEN
10 Minuten + 10 Minuten Zwischengare

TEIGGEWICHT PRO STÜCK
ca. 85 g

GEHZEIT VOR DEM BACKEN
ca. 60 Minuten

BACKZEIT & TEMPERATUR
ca. 20 Minuten bei 210 °C Heißluft

3 Slow Baking

ZUBEREITUNG VORTEIG

01 Mit einem Schneebesen die Hefe komplett im Wasser auflösen, das Mehl dazugeben und noch einmal mit dem Schneebesen verrühren, bis die Masse gut vermengt ist.

02 Mit Frischhaltefolie oder einem Tuch abdecken, 2–3 Stunden bei Raumtemperatur stehen lassen und anschließend für 12–24 Stunden in den Kühlschrank stellen.

ZUBEREITUNG AM BACKTAG

03 Für das Quellstück alle Zutaten genau einwiegen, in eine Rührschüssel geben und mind. 3 Stunden quellen lassen.

04 Für den Hauptteig den Vorteig und das Quellstück mit den restlichen Zutaten vermischen und den Teig wie angegeben kneten, danach mit einem Tuch abdecken und bei Raumtemperatur 10 Minuten rasten lassen.

05 Den Teig auf eine leicht bemehlte Arbeitsfläche geben und Teigstücke zu ca. 85 g auswiegen, diese rund formen (schleifen) und 10 Minuten zugedeckt bei Raumtemperatur rasten lassen.

06 Die Teigkugeln mit der Hand flach drücken und mithilfe eines Rundholzes zu etwa 18–20 cm langen Teigfladen ausrollen.

07 Diese mit der flachen Hand mit etwas Druck von oben nach unten einrollen und mit der anderen Hand die Teigfladen am unteren Ende leicht in die Länge ziehen.

08 Nach dem Einrollen in Dinkelmehl wälzen und auf ein Backblech legen, mit wenig Wasser besprühen und zugedeckt bei Raumtemperatur ca. 60 Minuten gehen lassen.

09 Den Backofen auf 210 °C Heißluft vorheizen, die Teiglinge vor dem Backen mit einem scharfen Messer an der Oberfläche zweimal einschneiden.

10 Leicht mit Wasser besprühen, mit Brezensalz bestreuen und in den Backofen schieben.

11 Mit viel Dampf goldbraun backen, nach dem Backen auf einem Küchenrost auskühlen lassen.

zuallererst!
QUELLSTÜCK

50 g Leinsamen
50 g heißes Wasser
100 g Quellstück

Mais-Laibchen

1 einfach & schnell
DIREKTE TEIGFÜHRUNG

ZUTATEN FÜR 12 STÜCK

100 g Quellstück
300 g Maismehl
200 g Weizenmehl Type W700
12 g Salz
10 g Gerstenmalzmehl
10 g Olivenöl
15 g frische Hefe
350 g Wasser (22 °C)

Roggenmehl zum Wälzen

2 einfach & praktisch
ÜBERNACHTGARE

ZUTATEN FÜR 12 STÜCK

100 g Quellstück
300 g Maismehl
200 g Weizenmehl Type W700
12 g Salz
10 g Honig
10 g Olivenöl
10 g frische Hefe
350 g Wasser (22 °C)

Roggenmehl zum Wälzen

ZEITEN & TEMPERATUR

KNETZEIT
3 Minuten langsam,
6 Minuten intensiver

TEIGRUHE NACH DEM KNETEN
20 Minuten

TEIGGEWICHT PRO STÜCK
ca. 80 g

GEHZEIT VOR DEM BACKEN
1) ca. 30 Minuten bzw.
2) mind. 12 Stunden

BACKZEIT & TEMPERATUR
ca. 23 Minuten bei 210 °C Heißluft

1 einfach & schnell
ZUBEREITUNG

01 Für das Quellstück alle Zutaten genau einwiegen, in eine Rührschüssel geben und mindestens 3 Stunden quellen lassen.

02 Für den Hauptteig das Quellstück mit den restlichen Zutaten vermischen und den Teig wie angegeben kneten, danach zugedeckt bei Raumtemperatur 20 Minuten rasten lassen.

03 Den Teig auf eine leicht bemehlte Arbeitsfläche geben und Teigstücke zu ca. 80 g auswiegen, diese rund formen (schleifen), in Roggenmehl wälzen und auf ein Backblech setzen.

04 Mit einem Geschirrtuch abdecken und etwa 30 Minuten bei Raumtemperatur gehen lassen.

05 Den Backofen auf 210 °C Heißluft vorheizen.

06 Mit viel Dampf goldbraun backen, nach dem Backen auf einem Küchenrost auskühlen lassen.

nächste Seite *Schritt-für-Schritt-Anleitung*

2 einfach & praktisch

ZUBEREITUNG

Zubereitungsschritte 1–3 wie auf der vorigen Seite

04 Die Teiglinge mit einem Geschirrtuch abdecken und mindestens 12 Stunden bzw. über Nacht im Kühlschrank gehen lassen (bei max. 8 °C).

05 Nach der Übernachtgare den Backofen auf 210 °C Heißluft vorheizen, die Teiglinge aus dem Kühlschrank nehmen, leicht mit Wasser besprühen und in den Backofen schieben.

06 Mit viel Dampf goldbraun backen, nach dem Backen auf einem Küchenrost auskühlen lassen.

3 Slow Baking

INDIREKTE TEIGFÜHRUNG MIT VORTEIG

ZUTATEN FÜR 12 STÜCK

VORTEIG (POOLISH)

100 g Wasser (22 °C)
1 g frische Hefe
100 g Weizenmehl Type W700
201 g Vorteig (Poolish)

QUELLSTÜCK

50 g Leinsamen
50 g heißes Wasser
100 g Quellstück

HAUPTTEIG

201 g Vorteig (Poolish)
100 g Quellstück
300 g Maismehl
100 g Weizenmehl Type W700
12 g Salz
10 g Gerstenmalzmehl
10 g Olivenöl
5 g frische Hefe
250 g Wasser (22 °C)

Roggenmehl zum Wälzen

Schritt-für-Schritt

weitere Anleitungsfotos auf Seite 120

Teigstücke zu ca. 80 g auswiegen, diese rund formen, in Roggenmehl wälzen.

Teiglinge auf ein Backblech setzen und zugedeckt 60 Minuten gehen lassen.

ZEITEN & TEMPERATUR

KNETZEIT
3 Minuten langsam,
6 Minuten intensiver

TEIGRUHE NACH DEM KNETEN
30 Minuten

TEIGGEWICHT PRO STÜCK
ca. 80 g

GEHZEIT VOR DEM BACKEN
ca. 60 Minuten

BACKZEIT & TEMPERATUR
ca. 23 Minuten bei 210 °C Heißluft

3 Slow Baking

ZUBEREITUNG VORTEIG

01 Mit einem Schneebesen die Hefe komplett im Wasser auflösen, das Mehl dazugeben und noch einmal mit dem Schneebesen verrühren, bis die Masse gut vermengt ist.

02 Mit Frischhaltefolie oder einem Tuch abdecken, 2–3 Stunden bei Raumtemperatur stehen lassen und anschließend für 12–24 Stunden in den Kühlschrank stellen.

ZUBEREITUNG AM BACKTAG

03 Für das Quellstück alle Zutaten genau einwiegen, in eine Rührschüssel geben und mindestens 3 Stunden quellen lassen.

04 Für den Hauptteig den Vorteig und das Quellstück mit den restlichen Zutaten vermischen und den Teig wie angegeben kneten, danach zugedeckt bei Raumtemperatur 30 Minuten rasten lassen.

05 Den Teig auf eine leicht bemehlte Arbeitsfläche geben und Teigstücke zu ca. 80 g auswiegen.

06 Die Teigstücke rund formen (schleifen), in Roggenmehl wälzen und auf ein Backblech setzen.

07 Die Maisweckerln mit einem Geschirrtuch abdecken und ca. 60 Minuten bei Raumtemperatur gehen lassen, den Backofen auf 210 °C Heißluft vorheizen.

08 Mit viel Dampf goldbraun backen, nach dem Backen auf einem Küchenrost auskühlen lassen.

Haferflocken-laibchen

zuallererst!

QUELLSTÜCK

40 g Haferflocken
40 g Sonnenblumenkerne
90 g heißes Wasser
170 g Quellstück

1 einfach & schnell

DIREKTE TEIGFÜHRUNG

ZUTATEN FÜR 12 STÜCK

170 g Quellstück
350 g Dinkelvollkornmehl
125 g Dinkelmehl Type 700
10 g Salz
8 g Gerstenmalzmehl
10 g Butter
8 g Brotgewürz (Kümmel, Fenchel, Koriander)
15 g frische Hefe
280 g Wasser (22 °C)

Haferflocken zum Wälzen

2 einfach & praktisch

ÜBERNACHTGARE

ZUTATEN FÜR 12 STÜCK

170 g Quellstück
350 g Dinkelvollkornmehl
125 g Dinkelmehl Type 700
10 g Salz
8 g Honig
10 g Butter
8 g Brotgewürz (Kümmel, Fenchel, Koriander)
10 g frische Hefe
280 g Wasser (22 °C)

Haferflocken zum Wälzen

ZEITEN & TEMPERATUR

KNETZEIT
5 Minuten langsam,
1 Minute intensiver

TEIGRUHE NACH DEM KNETEN
10 Minuten

TEIGGEWICHT PRO STÜCK
ca. 80 g

GEHZEIT VOR DEM BACKEN
1) ca. 30 Minuten bzw.
2) mind. 12 Stunden

BACKZEIT & TEMPERATUR
ca. 20 Minuten bei 210 °C Heißluft

1 einfach & schnell

ZUBEREITUNG

01 Für das Quellstück alle Zutaten genau einwiegen, in eine Rührschüssel geben und mindestens 3 Stunden quellen lassen.

02 Für den Hauptteig das Quellstück mit den restlichen Zutaten vermischen und den Teig wie angegeben kneten, danach zugedeckt bei Raumtemperatur 10 Minuten rasten lassen.

03 Den Teig auf eine leicht bemehlte Arbeitsfläche geben und Teigstücke zu ca. 80 g auswiegen, diese rund formen (schleifen).

04 Die Teigkugeln mit Wasser leicht befeuchten, in Haferflocken wälzen und auf ein Backblech setzen.

05 Die Teiglinge leicht mit Wasser besprühen, mit einem Geschirrtuch abdecken und etwa 30 Minuten bei Raumtemperatur gehen lassen, den Backofen auf 210 °C Heißluft vorheizen.

06 Mit viel Dampf goldbraun backen, nach dem Backen auf einem Küchenrost auskühlen lassen.

nächste Seite *Schritt-für-Schritt-Anleitung*

2 einfach & praktisch

ZUBEREITUNG

Zubereitungsschritte 1–3 wie auf der vorigen Seite

04 Die Teiglinge leicht mit Wasser besprühen, in Haferflocken wälzen, mit einem Geschirrtuch abdecken und mindestens 12 Stunden bzw. über Nacht im Kühlschrank gehen lassen (bei max. 8 °C).

05 Nach der Übernachtgare den Backofen auf 210 °C Heißluft vorheizen, die Teiglinge aus dem Kühlschrank nehmen, leicht mit Wasser besprühen und in den Backofen schieben.

06 Mit viel Dampf goldbraun backen, nach dem Backen auf einem Küchenrost auskühlen lassen.

3 Slow Baking

INDIREKTE TEIGFÜHRUNG MIT VORTEIG

ZUTATEN FÜR 12 STÜCK

VORTEIG (POOLISH)

100 g Wasser (22 °C)
1 g frische Hefe
100 g Dinkelvollkornmehl
201 g Vorteig (Poolish)

QUELLSTÜCK

40 g Haferflocken
40 g Sonnenblumenkerne
90 g heißes Wasser
170 g Quellstück

HAUPTTEIG

201 g Vorteig (Poolish)
170 g Quellstück
250 g Dinkelvollkornmehl
125 g Dinkelmehl Type 700
10 g Salz
8 g Gerstenmalzmehl
10 g Butter
8 g Brotgewürz (Kümmel, Fenchel, Koriander)
5 g frische Hefe
180 g Wasser (22 °C)

Haferflocken zum Wälzen

Schritt-für-Schritt

weitere Anleitungsfotos auf Seite 116

Teigstücke zu 80 g auswiegen, diese rund formen.

Dann leicht mit Wasser befeuchten und in Haferflocken wälzen.

ZEITEN & TEMPERATUR

KNETZEIT
5 Minuten langsam,
1 Minute intensiver

TEIGRUHE NACH DEM KNETEN
10 Minuten

TEIGGEWICHT PRO STÜCK
ca. 80 g

GEHZEIT VOR DEM BACKEN
ca. 60 Minuten

BACKZEIT & TEMPERATUR
ca. 20 Minuten bei 210 °C Heißluft

3 Slow Baking

ZUBEREITUNG VORTEIG

01 Mit einem Schneebesen die Hefe komplett im Wasser auflösen, das Mehl dazugeben und noch einmal mit dem Schneebesen verrühren, bis die Masse gut vermengt ist.

02 Mit Frischhaltefolie oder einem Tuch abdecken, 2–3 Stunden bei Raumtemperatur stehen lassen und anschließend für 12–24 Stunden in den Kühlschrank stellen.

ZUBEREITUNG AM BACKTAG

03 Für das Quellstück alle Zutaten genau einwiegen, in eine Rührschüssel geben und mindestens 3 Stunden quellen lassen.

04 Für den Hauptteig den Vorteig und das Quellstück mit den restlichen Zutaten vermischen und den Teig wie angegeben kneten, danach zugedeckt bei Raumtemperatur 10 Minuten rasten lassen.

05 Den Teig auf eine leicht bemehlte Arbeitsfläche geben und Teigstücke zu ca. 80 g auswiegen, diese rund formen (schleifen), mit Wasser leicht befeuchten, in Haferflocken wälzen und auf ein Backblech setzen.

06 Die Teiglinge leicht mit Wasser besprühen, mit einem Geschirrtuch abdecken und etwa 60 Minuten bei Raumtemperatur rasten lassen.

07 Den Backofen auf 210 °C Heißluft vorheizen.

08 Mit viel Dampf goldbraun backen, nach dem Backen auf einem Küchenrost auskühlen lassen.

Häufige Fehler
UND IHRE LÖSUNGEN

PROBLEM	URSACHE	MASSNAHME
Teig wird zu fest/zu weich beim Kneten	Wasseraufnahmefähigkeit des Mehles kann je nach Jahreszeit und Ernte varrieren	zu fest: Wasser tropfenweise beim Kneten nachgeben; zu weich: vorsichtig noch etwas Mehl unterheben; Notizen machen und beim nächsten Mal die notierte Wassermenge verwenden
Teig lässt sich nicht gut schleifen	zu trockene Teigoberfläche (bzw. Hautbildung beim Teig) oder zu trockene Arbeitsfläche	Teiglinge bzw. Arbeitsfläche ganz leicht mit Wasser besprühen oder Hände vor dem Schleifen befeuchten
nach dem Schleifen der Teiglinge ist an der Unterseite die Naht (der Schluss) noch offen und nicht glatt	zu wenig Druck beim Schleifen	fester schleifen, mit mehr Druck, mit großen, kreisförmigen Bewegungen, bis die Naht ganz geschlossen ist
Teiglinge reißen nach dem Schleifen bzw. haben keine glatte Oberfläche	zu lange geschliffen, Teig ist überstrapaziert	Schleifvorgang sollte max. 7–10 Sekunden dauern
beim Ausrollen der Teiglinge zieht sich der Teig immer zusammen	zu kurze Zwischengare	Teiglinge ein paar Minuten länger noch rasten lassen, damit sich der Teig besser entspannen kann
beim Einschlagen der Handsemmel bleibt am Ende immer der letzte Zipf über bzw. hält nicht in der Lasche	zu locker eingeschlagen, zu wenig Spannung (Druck)	das letzte Teigende einschlagen, mit dem Daumen fest in die Lasche hineindrücken und zusammendrücken
Gebäck wird im Backofen immer kleiner und zieht sich zusammen	Teig zu wenig geknetet	Knetzeit erhöhen und den Teig nach dem Kneten kontrollieren, ob er sich gut ziehen lässt

PROBLEM	URSACHE	MASSNAHME
Vorteig wirft keine Bläschen, bevor er in den Kühlschrank kommt	zu kalter Teig, ev. schlechte Hefe, zu wenig Raumtemperatur	Wassertemperatur kontrollieren, Vorteig weiterhin stehen lassen bei Raumtemperatur, sollte nach 3 Stunden noch immer keine Entwicklung zu sehen sein, dann einen neuen Vorteig mit frischer Hefe zubereiten
Teiglinge sind bei der Übernachtgare nach 12 Stunden nicht sehr viel aufgegangen	zu kalter Kühlschrank, zu wenig Teigreife	Temperatur im Kühlschrank überprüfen, optimal: ca. 8 °C, Teiglinge nach der Übernachtgare bei Raumtemperatur noch etwas akklimatisieren lassen
Weckerln od. Semmeln haben im Backofen keinen Trieb mehr, nehmen nicht an Volumen zu	zu warmer, zu reifer Teig	Teigtemperatur kontrollieren, Gebäck etwas weniger aufgehen lassen
Gebäck bekommt sehr schnell Farbe, angegebene Backzeit kann nicht eingehalten werden	zu heißer Ofen – angezeigte Backtemperatur stimmt offensichtlich nicht	Temperatur sofort reduzieren, vor dem nächsten Backen die Backofentemperatur mit einem Backofenthermometer kontrollieren und berücksichtigen
Handkaisersemmeln bekommen beim Backen einen Gupf bzw. eine spitze Form	zu wenig Dampf beim Backen	Dampfzugabe erhöhen, im Schnitt werden bis zu 250 ml Wasser für eine optimale Schwadenmenge benötigt
nach dem Backen ist von der Sternform der Handkaisersemmel nichts mehr zu sehen	zu wenig Staubmehl beim Einschlagen verwendet	die Teiglinge gut und kräftig mit Staubmehl bemehlen, hierbei nicht sparen
Gebäck verliert nach dem Backen rasch an Rösche bzw. ist nicht knusprig	zu kurze Backzeit, zu hohe Luftfeuchte in der Küche	länger und kühler backen (Backofentemperatur um 10–15 °C reduzieren, dafür aber die Backzeit um 2–3 Minuten verlängern, nach dem Backen die Weckerln auf einem Küchenrost auskühlen lassen
Gebäck ist sehr kompakt und nicht locker und luftig	zu fester Teig, zu wenig aufgegangen, zu wenig Dampf beim Backen	Teige weicher führen (mehr Wasser zum Teig geben), besser aufgehen lassen, Dampfmenge beim Backen erhöhen

Zum Abschluss

EIN PAAR FRAGEN

FRAGEN AN DEN BÄCKERMEISTER

- **Kann ich statt Weizenmehl auch mit Dinkelmehl backen? Was ist dabei zu beachten?**
  Der Austausch von Weizen- gegen Dinkelmehl ist kein Problem. Hierbei ist nur darauf zu achten, dass die Knetzeit auf 5 Minuten reduziert wird. Dinkelteig benötigt außerdem keine Teigruhe nach dem Kneten. Eine rasche und schnelle Aufarbeitung des Teiges ist zu empfehlen.
- **Kann ich die Rezepte auch mit frisch gemahlenem Vollkornmehl herstellen?**
  Auf jeden Fall! Jedoch ist dabei zu beachten: Je nach Getreidemühle kann sich das Mehl beim Mahlen rasch erwärmen, ist dies der Fall, muss die Wassertemperatur etwas reduziert werden.
  Die Wassermenge sollte generell um 10 % erhöht werden, da Vollkornmehle speziell nach dem Kneten etwas anziehen und dann eben kompakter werden.
- **Ich habe die angegebene Typenart des Mehles nicht zur Verfügung. Kann ich die Rezepte trotzdem backen?**
  Das klappt auf jeden Fall, da es keinen allzu großen Unterschied macht, ob Weizenmehl der Type 480 oder Type 700 verwendet wird.
- **Muss ich beim Backen unbedingt ein Gerstenmalzmehl verwenden? Und was mache ich, wenn ich dies nicht zur Verfügung habe?**
  Malz hat die besondere Eigenschaft, unser hausgemachtes Gebäck richtig schön knusprig zu machen, deswegen verwende ich es sehr gerne. Optional kann man aber auch dieselbe Menge Honig nehmen.
- **Warum ist es so wichtig, die angegebene Wassertemperatur einzuhalten? Ist das nicht zu übertrieben?**
  Leider nein, denn die optimale Wassertemperatur ist ganz wichtig für die perfekte Teigtemperatur. Viele Hobbybäcker und Hobbybäckerinnen machen den Fehler, das Wasser viel zu warm zu verwenden. Dies ist aber kontraproduktiv, weil der Teig zu schnell reif wird, die Hefe an Triebkraft verliert und das Backergebnis nicht den Wünschen entspricht.
- **Ich habe keine Küchenmaschine zu Hause, kann ich den Teig auch händisch kneten?**
  Selbstverständlich kann man die Teige aus diesem Buch hier auch mit der Hand kneten. Hierfür würde ich alle Zutaten in eine große Schüssel geben und nicht unbedingt auf der Arbeitsfläche kneten. Der Teig muss aber ordentlich und gut geknetet werden, im Schnitt sind es auf jeden Fall auch um die 10 Minuten.
- **Ich habe eine Glutenunverträglickeit. Kann ich die Rezepte 1:1 gegen glutenfreies Mehl austauschen?**
  Das klappt leider nicht, da glutenfreie Mehle eine ganz andere Beschaffenheit aufweisen, was die Wasseraufnahme und Backeigenschaften betrifft. Daher sollten Sie nie das angegebene Mehl 1:1 mit einem glutenfreien Mehl wie z. B. Buchweizenmehl oder Maismehl ersetzen! Es gibt allerdings glutenfreie Backmischungen, die durch verschiedene Zutaten die fehlenden Klebereigenschaften von glutenfreiem Mehl ausgleichen sollen. Sie müssen aber mit einem anderen Backergebnis rechnen, was Volumen, Beschaffenheit der Krume und Kruste usw. betrifft!
- **Wann und wo soll ich ein Lochbackblech verwenden, und was hat das für einen Sinn?**
  Lochbleche sind in Bäckereien schon seit langem im Einsatz. Der Vorteil ist die gleichmäßige Hitzeübertragung bzw. die bessere Zirkulation der Hitze im Backofen.
  Speziell bei Kleingebäck, wo oft 9–12 Stück am Blech liegen, werden diese alle gleichmäßig durchgebacken.

OFNER

DER BACKPROFI®

Alles rund ums Backen,
Rezepte, Videos, Zutaten:

www.derbackprofi.at